中等职业教育课程改革国家规划新教材
经全国中等职业教育教材审定委员会审定通过

数学

（拓展模块）

（第四版）

主编　李广全
主审　李　忠　李大矛

高等教育出版社·北京

内容提要

本套教材是中等职业教育课程改革国家规划新教材，根据教育部2009年颁布的《中等职业学校数学教学大纲》（简称“教学大纲”）编写，经全国中等职业教育教材审定委员会审定通过。为贯彻落实职业教育教学改革新精神，适应信息技术发展和互联网时代教育理念更新对教材建设的要求，根据教育部2020年颁布的《中等职业学校数学课程标准》，在收集和研究前三版教材的使用情况基础上，本着更新教育理念，提升信息技术应用水平，丰富数字化资源等原则，完成了本次修订。教材坚持“课程标准”对“课程目标”的定位，内容的选取严格遵循“课程标准”对数学学科核心素养的规定。

本套教材共5本，分为基础模块（上、下册），职业模块（分为“工科类”和“财经、商贸与服务类”两种）和拓展模块。基础模块上册内容包括：集合与充要条件、不等式、函数、指数函数与对数函数、三角函数。书后附有“预备知识”。基础模块下册内容包括：数列、平面向量、直线和圆的方程、立体几何、概率与统计初步。本书是拓展模块，内容包括：三角公式及应用，椭圆、双曲线、抛物线，复数，概率与统计。本书努力体现“坚持服务高质量发展、促进高水平就业”的职业教育办学方针；基本概念和原理叙述准确，科学事实与社会现象描述清楚，引用的数据、图表等材料可靠；具有较好的知识实用性、结构合理性、教学适用性和使用灵活性等特点。

教材同步配备教学参考书、供学生使用的学习与训练用书和丰富的数字化教学资源，其中数字化教学资源主要包括在线开放课程以及电子教案、教学课件、优秀教学案例、数学软件在教学中的应用操作指南、说课录像。这些资源依照职业教育的教学规律精心设计，可供各学校选择使用。

按照本书最后一页“郑重声明”下方的学习卡账号使用说明，登录 http：//abook.hep.com.cn/sve，可以上网学习，下载数字化教学资源。

本教材供中等职业学校的教师和学生使用。

图书在版编目（CIP）数据

数学：拓展模块 / 李广全主编. -- 4版. -- 北京：高等教育出版社，2022.7（2023.4重印）
ISBN 978-7-04-058602-2

Ⅰ. ①数… Ⅱ. ①李… Ⅲ. ①数学课-中等专业学校-教材 Ⅳ. ①G634.601

中国版本图书馆CIP数据核字(2022)第066501号

SHUXUE TUOZHAN MOKUAI

策划编辑 邵 勇　责任编辑 邵 勇　封面设计 王 琰　版式设计 杜微言
责任绘图 邓 超　责任校对 胡美萍　责任印制 存 怡

出版发行	高等教育出版社	网　址	http://www.hep.edu.cn
社　址	北京市西城区德外大街4号		http://www.hep.com.cn
邮政编码	100120	网上订购	http://www.hepmall.com.cn
印　刷	唐山嘉德印刷有限公司		http://www.hepmall.com
开　本	889 mm×1194 mm 1/16		http://www.hepmall.cn
印　张	10.5	版　次	2010年1月第1版
字　数	200千字		2022年7月第4版
购书热线	010-58581118	印　次	2023年4月第10次印刷
咨询电话	400-810-0598	定　价	24.00元

物 料 号 58602-00

中等职业教育课程改革国家规划新教材
出 版 说 明

为贯彻《国务院关于大力发展职业教育的决定》(国发〔2005〕35号)精神,落实《教育部关于进一步深化中等职业教育教学改革的若干意见》(教职成〔2008〕8号)关于“加强中等职业教育教材建设,保证教学资源基本质量”的要求,确保新一轮中等职业教育教学改革顺利进行,全面提高教育教学质量,保证高质量教材进课堂,教育部对中等职业学校德育课、文化基础课等必修课程和部分大类专业基础课教材进行了统一规划并组织编写,从2009年秋季学期起,国家规划新教材将陆续提供给全国中等职业学校选用。

国家规划新教材是根据教育部最新发布的德育课程、文化基础课程和部分大类专业基础课程的教学大纲编写,并经全国中等职业教育教材审定委员会审定通过的。新教材紧紧围绕中等职业教育的培养目标,遵循职业教育教学规律,从满足经济社会发展对高素质劳动者和技能型人才的需要出发,在课程结构、教学内容、教学方法等方面进行了新的探索与改革创新,对于提高新时期中等职业学校学生的思想道德水平、科学文化素养和职业能力,促进中等职业教育深化教学改革,提高教育教学质量将起到积极的推动作用。

希望各地、各中等职业学校积极推广和选用国家规划新教材,并在使用过程中,注意总结经验,及时提出修改意见和建议,使之不断完善和提高。

教育部职业教育与成人教育司

2009年5月

第四版前言

为了适应我国中等职业教育的发展，落实《国家职业教育改革实施方案》，教育部 2019 年颁布了《中等职业学校公共基础课程方案》，2020 年颁布了《中等职业学校数学课程标准》（以下简称“新课标”）。

新课标以习近平新时代中国特色社会主义思想为指导，落实立德树人根本任务，体现关于德智体美劳全面发展的社会主义建设者和接班人的培养目标要求，明确中职数学课程内容和要求，体现出新知识、新技术、新工艺、新方法。

新课标凝练了中职数学学科核心素养。充分挖掘中职数学课程的独特育人价值，明确学生应达成的正确价值观念、必备品格和关键能力。

新课标明确学业质量要求。立足中等职业教育实际，体现学科特点，精选数学课程内容，指导教学设计，提出考试评价和教材编写的方案及要求，促进教、学、评有机衔接。

新课标体现高中阶段共性要求。适应新时代对国民素质的新要求，充分发挥中职数学课程育人优势，加强中职学生文化基础，着力发展核心素养，全面提高学生综合素质，为学生的终身发展奠定坚实基础。

新课标彰显职业教育特色。遵循技术技能人才成长规律，注重教学内容与社会生活、职业生活的联系；注重有机融入职业道德、工匠精神教育，培育学生职业精神；注重与专业课程相互配合，形成协同育人合力。

为了在中职数学课程中落实新课标，更好地体现“服务高质量发展，促进高水平就业”，满足国家发展需求，培养“就业有能力，升学有基础”的一代新人，我们将 2009 年教育部颁布的《中等职业学校数学教学大纲》与新课标进行了认真比对与研究，学习了相关文件，讨论加深对新课标的理解，并结合对一线教师使用本套教材的反馈意见的综合分析，组织了本次教材的修订。

本次修订的主教材含基础模块（上册）、基础模块（下册）和拓展模块。与主教材同步修订的还有各册教材的教师用教学参考书及学生用学习与训练。

本次修订的基本原则是“执行新课标，落实立德树人，突出职业教育特点，保持教材的风格与体例，保证科学性，提升适应性”。

修订包括以下7个方面。

1. 加强数学文化的熏陶。系统设计“拓展阅读”栏目，穿插安排在各章内容中，拓展相关知识内容，并在每章后面设置“阅读与欣赏”栏目，介绍数学应用成果及我国著名科学家、数学家，培养学生的励志爱国情怀，增强责任担当意识。

2. 满足不同层次学生的需求。为适应“普及化教育多样化”的教育特征和职业教育岗位与需求多样化的教学实际，在“核心素养水平”“教学时间安排”“知识体系及学业水平要求”等方面实施分层，以体现差异性，满足不同需求。本次教材修订更加明确地体现了这种新变化、新要求。

3. 审查并修订了教材部分内容。依据新课标要求，重新把握并调整各部分内容的核心素养要求及知识内容要求，根据内容所处的模块，将“学业质量要求水平二”要求的内容，在正文中标出“*”号，在例题与练习题中，也标出“*”号，在习题与复习题中设置为B组题，明晰要求的水平与层次。

4. 适应数字化时代发展。新修订教材与数字课程同步，在满足线下教学的同时，开展线上教学，让教学普及到每个适龄学生。利用“二维码”链接数字化教学资源，充分利用优质教育资源助学。

5. 启用最新教学技术手段。将使用“几何画板”的相关数学实验和动画演示内容，改为使用更加具有教学平台性质、呈现效果和数学体验更佳、操作更加简便灵活的开源共享数学软件“GeoGebra”和“Microsoft Mathematics 4.0”，从而大大提升学生学习数学的兴趣和学习效果。

6. 依据新课标，教材增加了部分内容，具体如下：

（1）依据新课标“基础知识”的内容要求，在基础模块（上册）教材“不等式”一章中增加了“不等式实际应用举例”；

（2）依据新课标“几何与代数”的内容要求，在基础模块（下册）教材“立体几何”一章中增加了“简单几何体及其组合”“ 三视图”“几何体的直观图”等内容；

（3）依据新课标“几何与代数”的内容要求，在拓展模块教材中增加了“复数的概念”“复数的运算”“解实系数一元二次方程”等内容。

7. 加大弹性以体现多样化需求。与以往的教学大纲不同，新课标对数学教学学时只规定了下限，必修内容是：基础模块内容不低于 108 学时，6 学分；选修模块内容不低于 36 学时，2 学分。所规定的下限，体现了国家对中等职业教育数学课程教学课时数的最低要求，数学教学必须保证这个教学学时，达到新课标规定的学业质量水平一的要求（核心素养水平和相应知识水平）。新课标对学时上限不做要求，加大了弹性，以体现多样化的实际需求。

结合我国目前中等职业学校教学现状，给出教师使用本教材的教学安排建议，供参考。

（1）针对直接就业的学生，建议教师依照下表的安排开展教学。

学期	内容	安排
第一学期	基础模块（上册）	周 3 学时，共 54 学时
第二学期	基础模块（上册、下册）	周 3 学时，共 54 学时
第三学期	职业模块（新课标拓展模块二内容）	周 2 学时，共 36 学时
计		144 学时

（2）针对准备升入高等职业院校继续学习的学生及“3+2”学制的学生，建议教师依照下表的安排开展教学。

学期	内容	安排
第一学期	基础模块（上册）	周 4 学时，共 68 学时
第二学期	基础模块（上册、下册）	周 4 学时，共 68 学时
第三学期	基础模块（下册）	周 4 学时，共 68 学时
第四学期	拓展模块	周 4 学时，共 68 学时
计		272 学时

（3）针对“五年一贯制”学制的学生，建议教师按照下表的安排开展教学。

学期	内容	安排
第一学期	基础模块（上册）	周 6 学时，共 102 学时
第二学期	基础模块（下册）	周 6 学时，共 102 学时
第三学期	拓展模块	周 6 学时，共 102 学时
计		306 学时

本书为拓展模块第四版教材。本书修订工作由李广全、王晓婷完成。

感谢高等教育出版社贾瑞武、段博原、陆明、邵勇、王丹丹，他们为本书修订工作付出了辛勤的劳动。

感谢关心和支持教材修订工作的一线教师与数学教研员，他们为本书的修订提供了大量的宝贵意见。

感谢全国使用本套教材的教师，感谢他们对本套教材的关注，欢迎提出建议和意见。意见可发邮件至 zz_dzyj@ pub.hep.cn。

编　者

2022 年 4 月

第三版前言

本教材第一版于2010年出版之后，得到全国各地各类中等职业学校的广泛使用。信息技术的发展和互联网时代教育理念的更新，对教材建设中的信息技术使用和数字化资源融合提出了更高的要求。我们多次实地考察使用教材的学校，召开不同规模、不同对象的教材信息技术应用研讨会，同时也不断收集一线教师的意见和建议。我们对这些意见进行了认真的分析和研究，并进一步学习《国家教育事业发展“十三五”规划》《教育部关于全面深化课程改革落实立德树人根本任务的意见》《教育部关于进一步推进职业教育信息化发展的指导意见》与《中等职业学校数学教学大纲》，在此基础上完成了本次修订。

本次修订基本原则是“更新教育理念，提升信息技术应用水平，丰富数字化资源，严格执行教学大纲，突出职业教育特点，保持教材的风格与体例，保证科学性，提升适应性”。

本次拓展模块教材的修订主要是理顺现代信息技术应用，在一些地方增加二维码，链接数字化资源，主要内容包括助学视频、拓展学习资料、动态展示过程、学习难点突破。

为适应信息化技术的发展趋势和满足职业教育一线教学需求，高等教育出版社研发了与教材配套全知识点覆盖的“中职数学在线开放课程”。课程已在“爱课程”网中国职教 MOOC 平台（http://www.icourses.cn/vemooc）上线。中国职教 MOOC 平台为全国职业院校提供在线课程的应用与共享，读者可登录爱课程网或扫描右侧二维码下载手机 APP，进行选课学习。

中国大学MOOC/职教频道客户端

中职数学在线开放课程的资源以数学知识点全覆盖为目标，兼顾在线开放课程教学特点，对各章节内容进行了科学、细致地划分，既全面系统又重点突出，每讲均配有教学视频、随堂测验、教学 PPT、教案等。

教材中的二维码资源，有些来自“全国中等职业学校数学课程‘创新杯’教师信息化教学说课大赛”的资源共享，在此对提供者表示衷心感谢。登录 Abook 平台(http://abook.hep.com.cn/sve)可以获得更多资源。

本次教材的修订工作由李广全负责。参加修订工作的有陈士芹、孙海涛、宋博。修订工作得到了许多一线教师、数学教研员的支持,他们提供了大量的宝贵意见,在此表示衷心的感谢。

感谢高等教育出版社贾瑞武、薛春玲、邵勇、张德发,他们为本书第三版的策划、编辑和出版付出了辛勤的劳动。

感谢全国使用本套教材的教师,感谢他们对本套教材的关注,欢迎提出建议和意见。意见可发邮件至 zz_dzyj@ pub.hep.cn。

编 者

2018 年 3 月

修订版前言

本教材于2010年出版以来，得到全国各地区的中职学校的广泛使用。我们多次实地考察使用教材的学校，召开不同规模、不同对象的教材建设研讨会，同时，在2013年杭州召开的全国“创新杯”说课大赛上，我们向使用本教材的部分教师征求教材使用意见及修订建议，在充分肯定了2010年版教材的同时，一线老师提出许多修改意见。我们对这些意见进行了认真的分析和研究，并进一步学习了《中等职业学校数学教学大纲》，在此基础上完成了本次教材的修订。

本次修订基本原则是“严格执行教学大纲，突出职业教育特点，保持教材的风格与体例，保证科学性，提升适应性”。

本次拓展模块教材修订的主要变动如下：

1. 调整、修改、补充教材的部分例题、练习题和习题，提升例题、练习题和习题的层次性。

2. 围绕教材的调整，同步调整、修改、补充配套用书《数学学习与训练》的习题，增强了对应性与适用性。

3. 增设现代信息技术应用。结合各章教学内容，分别介绍“微软高级计算器”与软件“Excel”的应用，以适应信息化时代需求。

本书新增二维码资源，扫一扫后可直接观看相关视频、图片、文档、动画，为信息化教学提供了丰富的可直接使用的资源。二维码资源提供者有：陈启明，汪鸿波，申学，阮艳灵，黄国丽，宋玲，在此对他们表示衷心的感谢。

感谢修订版的首席编辑邵勇，他为本书修订版的策划、编辑和出版付出了辛勤的劳动。

感谢全国使用本套教材的教师，感谢他们对本套教材的关注。欢迎提出建议和意见。意见反馈可发邮箱至 zz_dzyj@pub.hep.cn。

编　者

2014年3月

第一版前言

本教材是中等职业教育课程改革国家规划新教材，是根据教育部2009年颁布的《中等职业学校数学教学大纲》（简称“教学大纲”）编写的，经全国中等职业教育教材审定委员会审定通过。根据“教学大纲”中“基础模块”“职业模块”“拓展模块”的教学内容结构划分，全套教材相应地分成《数学》（基础模块）（上、下册），《数学》（职业模块　工科类），《数学》（职业模块　财经、商贸与服务类）和《数学》（拓展模块）。本书是《数学》（拓展模块）。教材内容的选取严格按照“教学大纲”规定的“教学内容与要求”，遵循“教学大纲”对认知要求和技能与能力的规定。

本书主要体现了以下的编写特色：

1. 突出基础性。在保证科学性的基础上，不刻意追求学科体系的完整性，弱化纯形式化的理论推导与证明，注重基本概念的理解、基本数学方法的掌握与实际应用的介绍。

2. 做好衔接。一方面，遵循大纲的教学要求与内容要求，从学生升入高职院校的数学需求出发，做好衔接。另一方面，与基础模块学习过的内容做好衔接。同时兼顾到学生的实际数学水平。

3. 体现普及型教育的特征。精选出学生所能够理解和接受的，适合中等职业教育层次的实际应用案例，结合中等职业学校学生的年龄特征和心理特点，精心进行设计。从学生学过的知识中，提出问题，通过引申、拓展来讲解新知识。

4. 体现时代性特征。落实“教学大纲”对计算器使用的要求，做好相关知识点与“计算器使用”的整合。

5. 版式编排规范、活泼，语言文字简洁、准确、流畅，通俗易懂，富有趣味性。数学符号的使用严格执行国家有关的技术标准和规定。

教材主要编写人员为教育部2009年“教学大纲”制定专家组负责人，在教材编写中，将当前教学改革的精神以及“教学大纲”提出的教材内容要求与学校实际教学情况相结合。基本概念和原理叙述准确，科学事实与社会现象描述清楚，引用的数据、图表等材料可靠；具有较好的教学适用性、知识实用性、结构合理性和使用灵活性。

本教材内容包括：三角公式及应用，椭圆、双曲线、抛物线，概率与统计，供有进一步学习需求的学生使用。

按照“教学大纲”要求，拓展模块内容的学时不做统一规定。下面只给出参考学时（约需要42课时）：

章内容		参考学时数
第1章	三角公式及应用	18
第2章	椭圆、双曲线、抛物线	14
第3章	概率与统计	10

根据“教学大纲”中“现代教育技术应用建议”的要求，我们精心设计并开发了可以满足不同教学需要的多种数字化教学资源。通过本书封底所附学习卡账号，登录 http://abook.hep.com.cn/sve 网站，可上网学习，下载资源。

本教材由李广全任主编。参加教材编写的有：张凌瑶、李慧媛、孙超英、闻达人、解彦君、马秀婷、胡永侠、陈琴芳、李广全。

编者感谢中央广播电视大学张进军老师，他在教材的编写过程中，提出了许多宝贵的意见和建议。

本书经全国中等职业教育教材审定委员会审定通过，由李忠教授和李大矛教授审稿，他们对本书的初稿提出了宝贵的修改意见。

高等教育出版社对本教材的编写、出版给予了很大的支持。王军伟、张东英、邵勇、薛春玲同志为本书的出版付出了大量的劳动，在此一并致谢。

由于编者的学术水平有限，时间仓促，书中难免存在不足之处，敬请读者提出宝贵的意见和建议。意见反馈可发邮件至 zz_dzyj@pub.hep.cn。

编　者

2009 年 12 月

目 录

第1章

三角公式及应用

在生活、生产及科研中，经常需要进行角度或长度的计算.例如，知道 $\cos \alpha$ 的值，求 $\cos 2\alpha$ 的值；再如，知道一个三角形中两个角的大小与一条边的长度，求该三角形其他边的长度.解决这些问题都需要使用相关的三角公式.

本章主要研究两角和与差公式、二倍角公式、正弦型函数、正弦定理、余弦定理及其应用.通过这些知识的学习，培养和提升学生的数学运算、直观想象、逻辑推理和数学建模等核心素养.

1.1 两角和与差的正弦公式与余弦公式

1.1.1 两角和与差的余弦公式

小提示

设向量 $\boldsymbol{a}=(x_1, y_1)$，$\boldsymbol{b}=(x_2, y_2)$，且两个向量的夹角为 θ，则

(1) $\boldsymbol{a}\cdot\boldsymbol{b}=|\boldsymbol{a}||\boldsymbol{b}|\cos\theta$；

(2) $\boldsymbol{a}\cdot\boldsymbol{b}=x_1x_2+y_1y_2$

我们知道，$\cos 30°=\dfrac{\sqrt{3}}{2}$，$\cos 60°=\dfrac{1}{2}$. 显然，

$$\cos(60°-30°)\neq\cos 60°-\cos 30°.$$

那么，知道角 α 与 β 的三角函数值，如何计算 $\cos(\alpha-\beta)$ 的值呢？

下面我们应用向量来研究这个问题.

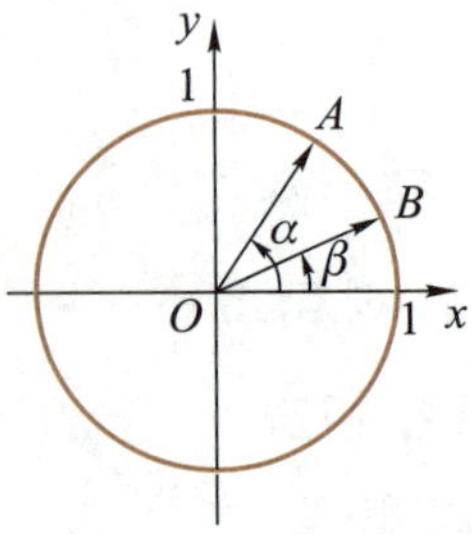

图 1-1

在单位圆（图 1-1）中，设向量 $\overrightarrow{OA}$、$\overrightarrow{OB}$ 与 x 轴正半轴的夹角分别为 α 和 β，则点 $A(\cos\alpha, \sin\alpha)$，点 $B(\cos\beta, \sin\beta)$. 因此向量 $\overrightarrow{OA}=(\cos\alpha, \sin\alpha)$，向量 $\overrightarrow{OB}=(\cos\beta, \sin\beta)$，且 $|\overrightarrow{OA}|=1$，$|\overrightarrow{OB}|=1$. 于是

$$\begin{aligned}\overrightarrow{OA}\cdot\overrightarrow{OB}&=|\overrightarrow{OA}||\overrightarrow{OB}|\cos(\alpha-\beta)\\&=\cos(\alpha-\beta),\end{aligned}$$

又 $$\overrightarrow{OA}\cdot\overrightarrow{OB}=\cos\alpha\cos\beta+\sin\alpha\sin\beta,$$

所以 $$\cos(\alpha-\beta)=\cos\alpha\cos\beta+\sin\alpha\sin\beta. \qquad (1)$$

又 $$\begin{aligned}\cos(\alpha+\beta)&=\cos[\alpha-(-\beta)]\\&=\cos\alpha\cos(-\beta)+\sin\alpha\sin(-\beta)\\&=\cos\alpha\cos\beta-\sin\alpha\sin\beta. \qquad (2)\end{aligned}$$

利用诱导公式可以证明，式(1)、式(2)对任意角都成立（证明略）. 由此得到两角和与差的余弦公式

$$\cos(\alpha+\beta)=\cos\alpha\cos\beta-\sin\alpha\sin\beta \qquad (1.1)$$

$$\cos(\alpha-\beta)=\cos\alpha\cos\beta+\sin\alpha\sin\beta \qquad (1.2)$$

公式(1.1)反映了 $\alpha+\beta$ 的余弦函数值与 α、β 的三角函数值之间的关系；公式(1.2)反映了 $\alpha-\beta$ 的余弦函数值与 α、β 的三角函数值之间的关系.

例 1 求 $\cos 75°$ 的值.

分析 可以利用公式(1.1)，将 75°角看做 45°角与 30°角的和.

解

$$\begin{aligned}\cos 75°&=\cos(45°+30°)\\&=\cos 45°\cos 30°-\sin 45°\sin 30°\\&=\frac{\sqrt{2}}{2}\times\frac{\sqrt{3}}{2}-\frac{\sqrt{2}}{2}\times\frac{1}{2}\\&=\frac{\sqrt{6}-\sqrt{2}}{4}.\end{aligned}$$

例 2 设 $\cos\alpha=\frac{3}{5}$，$\cos\beta=\frac{4}{5}$，并且 α 和 β 都是锐角.求 $\cos(\alpha+\beta)$ 的值.

分析 可以利用公式(1.1)，但是需要首先求出 $\sin\alpha$ 与 $\sin\beta$ 的值.

解 因为 $\cos\alpha=\frac{3}{5}$，$\cos\beta=\frac{4}{5}$，并且 α 和 β 都是锐角，所以

$$\sin\alpha=\sqrt{1-\cos^2\alpha}=\frac{4}{5},\quad \sin\beta=\sqrt{1-\cos^2\beta}=\frac{3}{5},$$

因此

$$\begin{aligned}\cos(\alpha+\beta)&=\cos\alpha\cos\beta-\sin\alpha\sin\beta\\&=\frac{3}{5}\times\frac{4}{5}-\frac{4}{5}\times\frac{3}{5}=0.\end{aligned}$$

例 3 分别用 $\sin\alpha$ 或 $\cos\alpha$ 表示 $\cos\left(\frac{\pi}{2}-\alpha\right)$ 与 $\sin\left(\frac{\pi}{2}-\alpha\right)$.

解

$$\begin{aligned}\cos\left(\frac{\pi}{2}-\alpha\right)&=\cos\frac{\pi}{2}\cos\alpha+\sin\frac{\pi}{2}\sin\alpha\\&=0\cdot\cos\alpha+1\cdot\sin\alpha=\sin\alpha,\end{aligned}$$

故

$$\cos\left(\frac{\pi}{2}-\alpha\right)=\sin\alpha.$$

令 $\frac{\pi}{2}-\alpha=\beta$，则 $\alpha=\frac{\pi}{2}-\beta$，代入上式得

$$\cos\beta=\sin\left(\frac{\pi}{2}-\beta\right),$$

小提示

$\cos\left(\frac{\pi}{2}-\alpha\right)=\sin\alpha$，$\sin\left(\frac{\pi}{2}-\alpha\right)=\cos\alpha$ 正是初中所学过的公式.这里已经把公式中的角由锐角推广到了任意角.

即 $$\sin\left(\frac{\pi}{2}-\alpha\right)=\cos\alpha.$$

练习 1.1.1

1. 求 $\cos 105°$ 的值.
2. 求 $\cos 15°$ 的值.
3. 求 $\cos 70°\cos 10°+\sin 70°\sin 10°$ 的值.

1.1.2 两角和与差的正弦公式

因为对于任意角 α，公式 $\cos\left(\frac{\pi}{2}-\alpha\right)=\sin\alpha$ 都成立，所以

$$\begin{aligned}\sin(\alpha+\beta)&=\cos\left[\frac{\pi}{2}-(\alpha+\beta)\right]=\cos\left[\left(\frac{\pi}{2}-\alpha\right)-\beta\right]\\&=\cos\left(\frac{\pi}{2}-\alpha\right)\cos\beta+\sin\left(\frac{\pi}{2}-\alpha\right)\sin\beta\\&=\sin\alpha\cos\beta+\cos\alpha\sin\beta.\end{aligned}$$

$$\begin{aligned}\sin(\alpha-\beta)&=\sin[\alpha+(-\beta)]=\sin\alpha\cos(-\beta)+\cos\alpha\sin(-\beta)\\&=\sin\alpha\cos\beta-\cos\alpha\sin\beta.\end{aligned}$$

由此得到，两角和与差的正弦公式

$$\sin(\alpha+\beta)=\sin\alpha\cos\beta+\cos\alpha\sin\beta \tag{1.3}$$

$$\sin(\alpha-\beta)=\sin\alpha\cos\beta-\cos\alpha\sin\beta \tag{1.4}$$

想一想

例 4 是否还有其他的解法?

例 4 求 $\sin 15°$ 的值.

分析 可以利用公式(1.4)，将 $15°$ 角看做 $60°$ 角与 $45°$ 角的差.

解 $\sin 15°=\sin(60°-45°)=\sin 60°\cos 45°-\cos 60°\sin 45°$

$$=\frac{\sqrt{3}}{2}\times\frac{\sqrt{2}}{2}-\frac{1}{2}\times\frac{\sqrt{2}}{2}$$

$$=\frac{\sqrt{6}-\sqrt{2}}{4}.$$

例 5 求 $\sin 105°\cos 75°-\cos 105°\sin 75°$ 的值.

分析 所给的式子恰好是公式(1.4)右边的形式,可以考虑逆向使用公式.

解

$$\sin 105°\cos 75°-\cos 105°\sin 75°=\sin(105°-75°)$$

$$=\sin 30°=\frac{1}{2}.$$

小提示

逆向使用公式是非常重要的,往往会带来新的思路,使问题的解决简单化.

例 6 求证:$\sqrt{3}\cos\alpha+\sin\alpha=2\sin\left(\frac{\pi}{3}+\alpha\right)$.

证 1

$$右边=2\left(\sin\frac{\pi}{3}\cos\alpha+\cos\frac{\pi}{3}\sin\alpha\right)$$

$$=2\left(\frac{\sqrt{3}}{2}\cos\alpha+\frac{1}{2}\sin\alpha\right)$$

$$=\sqrt{3}\cos\alpha+\sin\alpha=左边.$$

故原式成立.

证 2

$$左边=2\left(\frac{\sqrt{3}}{2}\cos\alpha+\frac{1}{2}\sin\alpha\right)$$

$$=2\left(\sin\frac{\pi}{3}\cos\alpha+\cos\frac{\pi}{3}\sin\alpha\right)$$

$$=2\sin\left(\frac{\pi}{3}+\alpha\right)=右边.$$

故原式成立.

练习 1.1.2

1. 求 $\sin 105°$ 的值.
2. 求 $\sin 75°$ 的值.
3. 求下列各式的值:

(1) $\sin 5°\cos 25°+\cos 5°\sin 25°$;　　(2) $\sin 70°\cos 10°-\cos 70°\sin 10°$.

4. 已知 $\cos\alpha=-\frac{12}{13}$,且 $\pi<\alpha<\frac{3\pi}{2}$,求 $\sin\left(\alpha-\frac{\pi}{4}\right)$ 的值.

1.1.3 两角和与差的正切公式

由同角三角函数关系，知

$$\tan(\alpha+\beta)=\frac{\sin(\alpha+\beta)}{\cos(\alpha+\beta)}=\frac{\sin\alpha\cos\beta+\cos\alpha\sin\beta}{\cos\alpha\cos\beta-\sin\alpha\sin\beta}.$$

当 $\cos\alpha\cos\beta\neq 0$ 时，得到

$$\tan(\alpha+\beta)=\frac{\tan\alpha+\tan\beta}{1-\tan\alpha\tan\beta} \quad (1.5)$$

利用诱导公式可以得到

$$\tan(\alpha-\beta)=\frac{\tan\alpha-\tan\beta}{1+\tan\alpha\tan\beta} \quad (1.6)$$

公式 1.6 得到过程

注意 在两角和与差的正切公式中，α、β 的取值应使式子的左右两端都有意义.

例 7 求 $\tan 75°$ 的值.

分析 可以将 75°角看做 30°角与 45°角的和.

解

$$\tan 75°=\tan(30°+45°)=\frac{\tan 30°+\tan 45°}{1-\tan 30°\tan 45°}$$

$$=\frac{\frac{\sqrt{3}}{3}+1}{1-\frac{\sqrt{3}}{3}\times 1}=\frac{3+\sqrt{3}}{3-\sqrt{3}}=2+\sqrt{3}.$$

小提示 例 8(2)中，将 1 写成 $\tan 45°$，从而使得三角式可以应用公式. 要注意应用这种变形方法来解决问题.

例 8 求下列各式的值：

(1) $\dfrac{\tan 25°+\tan 35°}{1-\tan 25°\tan 35°}$； (2) $\dfrac{1+\tan 15°}{1-\tan 15°}$.

分析 (1) 题可以逆用公式(1.5)；(2) 题可以利用 $\tan 45°=1$ 进行转换.

解 (1)

$$\frac{\tan 25°+\tan 35°}{1-\tan 25°\tan 35°}=\tan(25°+35°)$$

$$=\tan 60°=\sqrt{3};$$

（2） $$\frac{1+\tan 15°}{1-\tan 15°}=\frac{\tan 45°+\tan 15°}{1-\tan 45°\tan 15°}$$

$$=\tan(45°+15°)=\tan 60°=\sqrt{3}.$$

练习 1.1.3

1. 求 $\tan 15°$ 的值.
2. 求 $\tan 105°$ 的值.
3. 求 $\dfrac{\sqrt{3}-\tan 15°}{1+\sqrt{3}\tan 15°}$ 的值.

1.1.4 二倍角公式

明确二倍角的概念

在公式（1.3）中，令 $\alpha=\beta$，可以得到二倍角的正弦公式

$$\sin 2\alpha=\sin\alpha\cos\alpha+\cos\alpha\sin\alpha=2\sin\alpha\cos\alpha.$$

即

$$\sin 2\alpha=2\sin\alpha\cos\alpha \qquad (1.7)$$

同理，在公式（1.1）中，令 $\alpha=\beta$，可以得到二倍角的余弦公式

$$\cos 2\alpha=\cos^2\alpha-\sin^2\alpha \qquad (1.8)$$

因为 $\sin^2\alpha+\cos^2\alpha=1$，所以公式（1.8）又可以变形为

$$\cos 2\alpha=2\cos^2\alpha-1,$$

或

$$\cos 2\alpha=1-2\sin^2\alpha.$$

还可以变形为

$$\sin^2\alpha=\frac{1-\cos 2\alpha}{2},$$

或

$$\cos^2\alpha=\frac{1+\cos 2\alpha}{2}.$$

在公式（1.5）中，令 $\alpha=\beta$，可以得到二倍角的正切公式

解题的价值不是答案本身，而是在于弄清怎样想到这个解法的，是什么促使你这样想，这样做的？

——波利亚

$$\tan 2\alpha=\frac{2\tan\alpha}{1-\tan^2\alpha} \tag{1.9}$$

公式(1.7)、(1.8)、(1.9)及其变形形式，反映出具有二倍关系角的三角函数之间的关系，在三角计算中有着广泛的应用.

例 9 已知 $\sin\alpha=\frac{3}{5}$，且 α 为第二象限的角，求 $\sin 2\alpha$ 和 $\cos 2\alpha$ 的值.

解 因为 α 为第二象限的角，所以

$$\cos\alpha=-\sqrt{1-\sin^2\alpha}=-\sqrt{1-\left(\frac{3}{5}\right)^2}=-\frac{4}{5},$$

故

$$\sin 2\alpha=2\sin\alpha\cos\alpha=-\frac{24}{25},$$

$$\cos 2\alpha=1-2\sin^2\alpha=\frac{7}{25}.$$

例 10 已知 $\cos\frac{\alpha}{2}=-\frac{1}{3}$，且 $\alpha\in(\pi,2\pi)$，求 $\sin\alpha$ 和 $\cos\frac{\alpha}{4}$ 的值.

注 意

使用公式(1.8)的变形公式求三角函数的值时，经常需要进行开方运算，因此，要首先确定角的范围.

分析 $\frac{\alpha}{2}$ 与 α，$\frac{\alpha}{2}$ 与 $\frac{\alpha}{4}$ 之间都是具有二倍关系的角.

解 由 $\alpha\in(\pi,2\pi)$ 知 $\frac{\alpha}{2}\in\left(\frac{\pi}{2},\pi\right)$，所以

$$\sin\frac{\alpha}{2}=\sqrt{1-\cos^2\frac{\alpha}{2}}=\sqrt{1-\frac{1}{9}}=\frac{2\sqrt{2}}{3},$$

故

$$\sin\alpha=2\sin\frac{\alpha}{2}\cos\frac{\alpha}{2}=2\times\frac{2\sqrt{2}}{3}\times\left(-\frac{1}{3}\right)=-\frac{4\sqrt{2}}{9}.$$

由于 $\frac{\alpha}{4}\in\left(\frac{\pi}{4},\frac{\pi}{2}\right)$，且

$$\cos^2\frac{\alpha}{4}=\frac{1+\cos\frac{\alpha}{2}}{2}=\frac{1+\left(-\frac{1}{3}\right)}{2}=\frac{1}{3},$$

所以

$$\cos\frac{\alpha}{4}=\frac{\sqrt{3}}{3}.$$

例 11 求证：$\tan\frac{\alpha}{2}=\frac{1-\cos\alpha}{\sin\alpha}$.

证明 右边$=\dfrac{2\sin^2\frac{\alpha}{2}}{2\sin\frac{\alpha}{2}\cos\frac{\alpha}{2}}=\dfrac{\sin\frac{\alpha}{2}}{\cos\frac{\alpha}{2}}=\tan\frac{\alpha}{2}=$左边.

练习 1.1.4

1. 已知 $\sin\alpha=\frac{5}{13}$，且 α 为第一象限的角，求 $\sin 2\alpha$ 和 $\cos 2\alpha$ 的值.

2. 已知 $\cos 2\alpha=\frac{4}{5}$，且 $2\alpha\in[\pi,2\pi]$，求 $\sin\alpha$ 的值.

3. 求下列各式的值：

(1) $\sin 67°30'\cos 67°30'$；　(2) $1-2\sin^2 75°$；　(3) $\dfrac{2\tan 22.5°}{1-\tan^2 22.5°}$.

习题 1.1

1. 求下列各三角函数值：

(1) $\sin\frac{5\pi}{12}$；　(2) $\sin 15°\cos 15°$；　(3) $1-2\sin^2\frac{\pi}{12}$；

(4) $\tan\frac{\pi}{12}$；　(5) $\tan(-75°)$；　(6) $\dfrac{1-\tan 15°}{1+\tan 15°}$.

2. 已知 $\sin\alpha=\frac{2}{3}$，$\cos\beta=-\frac{3}{4}$，且 α、β 都是第二象限角，求 $\sin(\alpha-\beta)$ 的值.

3. 已知 $\cos\theta=-\frac{4}{5}$，且 $\theta\in\left(\pi,\frac{3\pi}{2}\right)$，求 $\sin\left(\theta+\frac{\pi}{6}\right)$ 的值.

4. 已知 $\sin\frac{\alpha}{2}=\frac{4}{5}$，且 $\alpha\in\left(\frac{\pi}{2},\pi\right)$，求 $\sin\alpha$ 和 $\cos\alpha$ 的值.

5. 已知 $\cos\theta=-\frac{3}{5}$，且 $\theta\in\left(\pi,\frac{3\pi}{2}\right)$，求 $\cos\frac{\theta}{2}$ 的值.

6. 已知 $\sin\alpha=\frac{1}{3}$，$\alpha\in\left(\frac{\pi}{2},\pi\right)$，$\cos\beta=-\frac{3}{5}$，$\beta\in\left(\pi,\frac{3\pi}{2}\right)$，求 $\sin(\alpha+\beta)$ 和 $\cos(\alpha-\beta)$ 的值.

7. 已知 $\tan\alpha=2$，求 $\dfrac{\tan 2\alpha-\tan\alpha}{1+\tan 2\alpha\tan\alpha}$ 的值.

8. 求证：$1+\cos\alpha+2\sin^2\dfrac{\alpha}{2}=2$.

1.2 正弦型函数

1.2.1 正弦型函数的周期

我们已经学习了正弦函数 $y=\sin x$ 和余弦函数 $y=\cos x$. 在物理、电工和工程技术中，经常遇到形如 $y=A\sin(\omega x+\varphi)$ 的函数，这类函数叫做**正弦型函数**. 它与正弦函数 $y=\sin x$ 有着密切的关系.

我们首先讨论正弦型函数的周期.

观察正弦型函数 $f(x)=\sin\left(2x-\dfrac{\pi}{3}\right)$. 令 $z=2x-\dfrac{\pi}{3}$，则当 $x\in\mathbf{R}$ 时有 $z\in\mathbf{R}$. 由于函数 $y=\sin z(z\in\mathbf{R})$ 的周期是 2π，故

$$\begin{aligned}f(x)&=\sin\left(2x-\frac{\pi}{3}\right)=\sin z=\sin(z+2\pi)\\&=\sin\left(2x-\frac{\pi}{3}+2\pi\right)=\sin\left[2(x+\pi)-\frac{\pi}{3}\right]=f(x+\pi),\end{aligned}$$

结论的图形展示

所以，正弦型函数 $f(x)=\sin\left(2x-\dfrac{\pi}{3}\right)$ 的周期为 π. 恰好具有关系

$$\pi=\frac{2\pi}{2}.$$

一般地，可以证明，正弦型函数 $y=A\sin(\omega x+\varphi)$ $(A>0,\omega>0)$ 的定义域为 $\mathbf{R}$，周

期为

$$T=\frac{2\pi}{\omega}.$$

例 1 求函数 $y=\sin x\cos 2x+\cos x\sin 2x$ 的周期.

解 由公式(1.3)有

$$y=\sin x\cos 2x+\cos x\sin 2x=\sin 3x,$$

故函数的周期为
$$T=\frac{2\pi}{3}.$$

小提示

利用公式(1.3)将函数化成正弦型函数的形式,是确定函数周期的关键.

练习 1.2.1

指出下列各函数的周期:

(1) $y=\sin\left(3x+\frac{\pi}{3}\right)$; (2) $y=3\sin\left(x-\frac{\pi}{3}\right)$; (3) $y=\sin\left(\frac{1}{2}x-\frac{\pi}{3}\right)$;

(4) $y=\cos 2x+\sin 2x$; (5) $y=\sqrt{3}\cos x+\sin x$.

1.2.2 正弦型曲线

正弦型函数的图像叫做**正弦型曲线**.下面我们首先用“五点法”作出几个正弦型曲线,然后观察正弦型曲线的特征.

例 2 利用“五点法”作出下列各函数在一个周期内的图像:

(1) $y=\sin x$;(2) $y=\sin 2x$;(3) $y=\sin\left(2x+\frac{\pi}{4}\right)$;(4) $y=2\sin\left(2x+\frac{\pi}{4}\right)$.

解 (1) 函数 $y=\sin x$ 的周期为 $T=2\pi$.列表

x	0	$\frac{\pi}{2}$	π	$\frac{3\pi}{2}$	2π
$y=\sin x$	0	1	0	-1	0

以表中每组对应的 x,y 值为坐标，描出点(x,y)，用光滑的曲线顺次连接各点，得到函数 $y=\sin x$ 在一个周期内的图像(图 1-2).

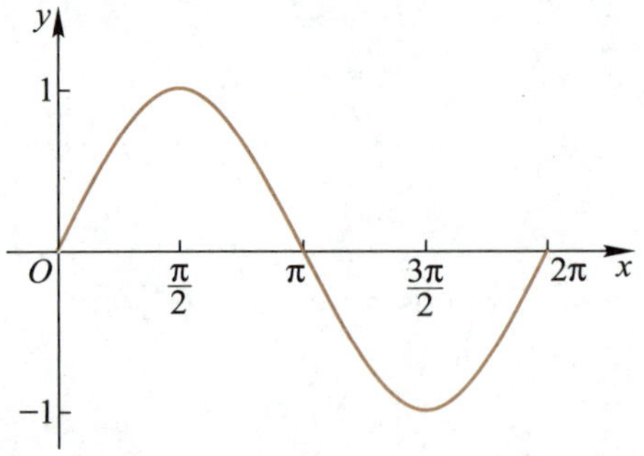

图 1-2

(2) 函数 $y=\sin 2x$ 的周期为 $T=\pi$.列表

x	0	$\frac{\pi}{4}$	$\frac{\pi}{2}$	$\frac{3\pi}{4}$	π
$2x$	0	$\frac{\pi}{2}$	π	$\frac{3\pi}{2}$	2π
$y=\sin 2x$	0	1	0	-1	0

以表中每组对应的 x,y 值为坐标，描出点(x,y)，用光滑的曲线顺次连接各点，得到函数 $y=\sin 2x$ 在一个周期内的图像(图 1-3).

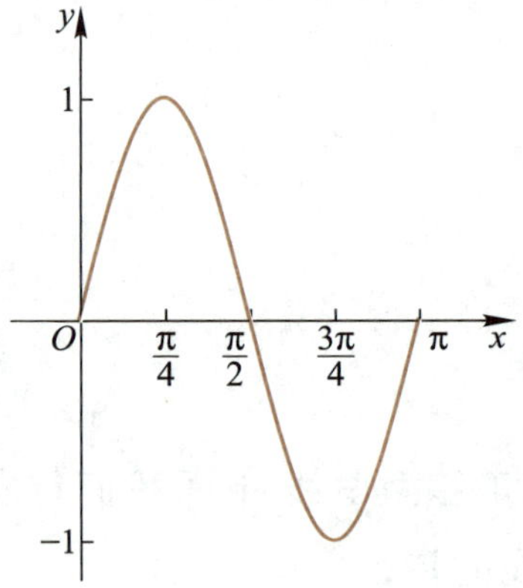

图 1-3

(3) 函数 $y=\sin\left(2x+\frac{\pi}{4}\right)$ 的周期为 $T=\pi$.列表

x	$-\frac{\pi}{8}$	$\frac{\pi}{8}$	$\frac{3\pi}{8}$	$\frac{5\pi}{8}$	$\frac{7\pi}{8}$
$2x+\frac{\pi}{4}$	0	$\frac{\pi}{2}$	π	$\frac{3\pi}{2}$	2π
$y=\sin\left(2x+\frac{\pi}{4}\right)$	0	1	0	-1	0

以表中每组对应的 x,y 值为坐标，描出点 (x,y)，用光滑的曲线顺次连接各点，得到函数 $y=\sin\left(2x+\frac{\pi}{4}\right)$ 在一个周期内的图像（图 1-4）.

（4） 函数 $y=2\sin\left(2x+\frac{\pi}{4}\right)$ 的周期为 $T=\pi$. 列表

x	$-\frac{\pi}{8}$	$\frac{\pi}{8}$	$\frac{3\pi}{8}$	$\frac{5\pi}{8}$	$\frac{7\pi}{8}$
$2x+\frac{\pi}{4}$	0	$\frac{\pi}{2}$	π	$\frac{3\pi}{2}$	2π
$y=\sin\left(2x+\frac{\pi}{4}\right)$	0	1	0	−1	0
$y=2\sin\left(2x+\frac{\pi}{4}\right)$	0	2	0	−2	0

以表中每组对应的 x,y 值为坐标，描出点 (x,y)，用光滑的曲线顺次连接各点，得到函数 $y=2\sin\left(2x+\frac{\pi}{4}\right)$ 在一个周期内的图像（图 1-5）.

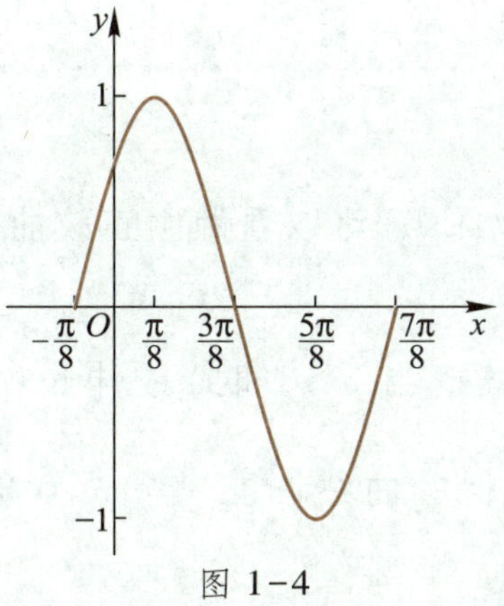

图 1-4

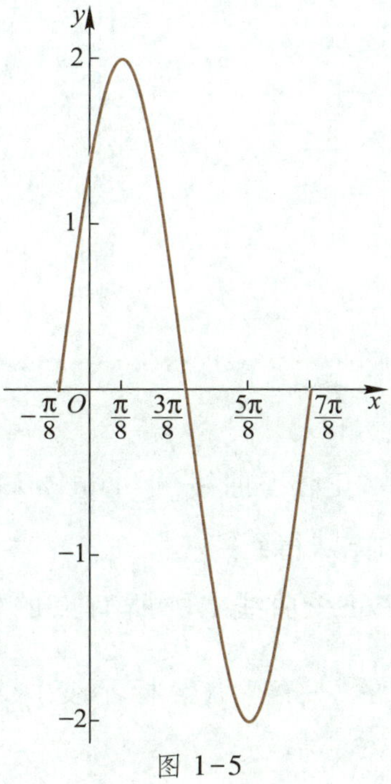

图 1-5

将例 2 中的四条曲线放到同一个坐标系中（如图 1-6），可以看到将正弦曲线

$y=\sin x(x\in[0,2\pi])$上所有点的横坐标缩短到原来的$\frac{1}{2}$(纵坐标不变),可以得到正弦型曲线$y=\sin 2x$;将正弦型曲线$y=\sin 2x$向左平移$\frac{\pi}{8}$个单位,可以得到$y=\sin 2\left(x+\frac{\pi}{8}\right)$,即正弦型曲线$y=\sin\left(2x+\frac{\pi}{4}\right)$;将正弦型曲线$y=\sin\left(2x+\frac{\pi}{4}\right)$的所有点的纵坐标伸长到原来的 2 倍,可以得到正弦型曲线$y=2\sin\left(2x+\frac{\pi}{4}\right)$.

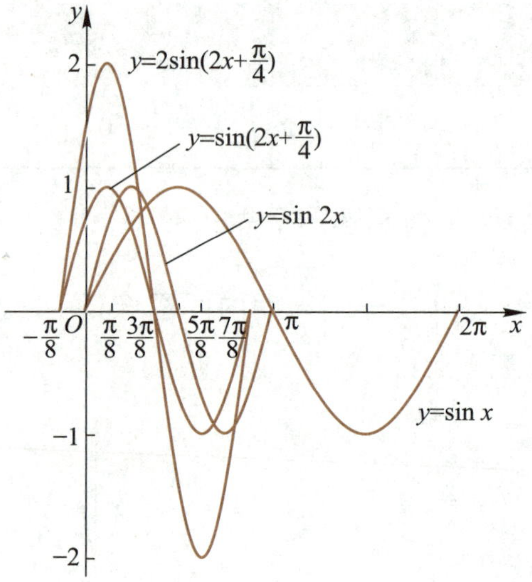

图 1-6

函数图像变化过程演示

学而不思则罔,思而不学则殆.
——孔子

一般地,正弦型曲线$y=A\sin(\omega x+\varphi)$ $(A>0,\omega>0)$可以看做由正弦曲线$y=\sin x$通过下面的方法得到:

首先将正弦曲线上的所有点的横坐标缩短(当$\omega>1$时)或伸长(当$0<\omega<1$时)到原来的$\frac{1}{\omega}$倍(纵坐标不变);然后把所得的曲线向左(当$\varphi>0$时)或向右(当$\varphi<0$时)平行移动$\left|\frac{\varphi}{\omega}\right|$个单位;最后把所得曲线上的所有点的纵坐标伸长(当$A>1$时)或缩短(当$0<A<1$时)到原来的$A$倍(横坐标不变).

上述过程可以表示为图 1-7.

一般地,我们作一个周期的正弦型曲线简图时,因为$\omega x+\varphi=0$时,$x=-\frac{\varphi}{\omega}$.所

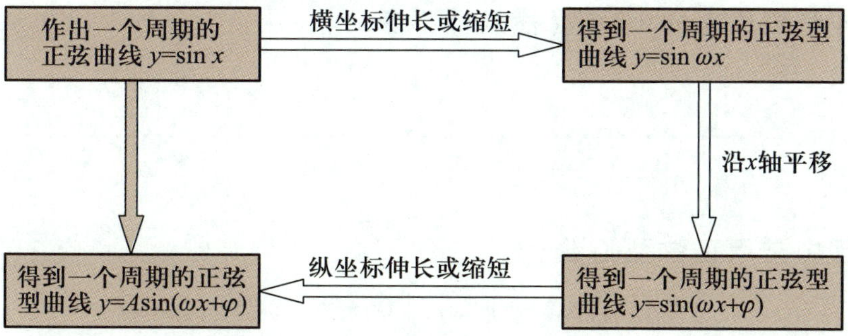

图 1-7

以将点$\left(-\frac{\varphi}{\omega},0\right)$作为起点，终点坐标为$\left(-\frac{\varphi}{\omega}+T,0\right)$（$T$为周期）.这样一个周期内正弦型曲线的五个关键点依次为

$$\left(-\frac{\varphi}{\omega},0\right),\quad \left(-\frac{\varphi}{\omega}+\frac{T}{4},A\right),\quad \left(-\frac{\varphi}{\omega}+\frac{T}{2},0\right),\quad \left(-\frac{\varphi}{\omega}+\frac{3T}{4},-A\right),\quad \left(-\frac{\varphi}{\omega}+T,0\right).$$

这个结论可以通过列表得到.熟练以后，可以直接写出五个关键点的坐标，利用“五点法”作图.

例 3 利用“五点法”作出正弦型函数$y=\frac{3}{2}\sin\left(3x-\frac{\pi}{6}\right)$在一个周期内的图像，并指出曲线是由正弦曲线经过怎样的步骤得到的.

解 正弦型函数$y=\frac{3}{2}\sin\left(3x-\frac{\pi}{6}\right)$的周期为$T=\frac{2\pi}{3}$，又$\omega=3$，$\varphi=-\frac{\pi}{6}$，故五个关键点的坐标为

$$\left(\frac{\pi}{18},0\right),\quad \left(\frac{2\pi}{9},\frac{3}{2}\right),\quad \left(\frac{7\pi}{18},0\right),\quad \left(\frac{5\pi}{9},-\frac{3}{2}\right),\quad \left(\frac{13\pi}{18},0\right).$$

用光滑的曲线顺次连接各点，得到函数$y=\frac{3}{2}\sin\left(3x-\frac{\pi}{6}\right)$在一个周期内的图像（图 1-8）.

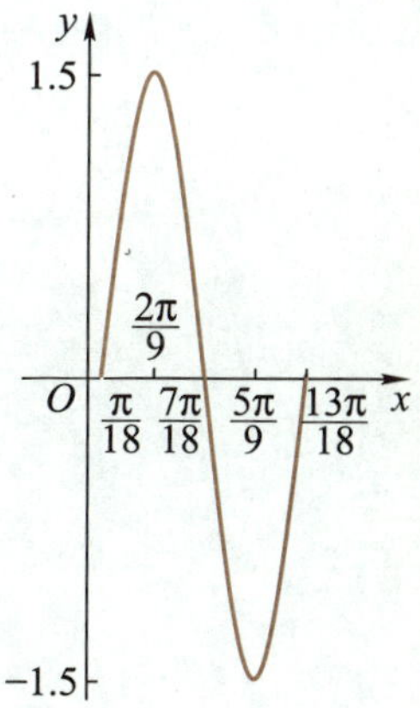

图 1-8

函数$y=\frac{3}{2}\sin\left(3x-\frac{\pi}{6}\right)$可以看做由下面的方法得到：

首先，将正弦曲线$y=\sin x$上所有点的横坐标缩短到原来的$\frac{1}{3}$（纵坐标不变）；然后，把所得的曲线向右平行移动$\frac{\pi}{18}$个单位；最后，把所得曲线上的所有点

的纵坐标伸长到原来的 1.5 倍(横坐标不变).

在物理中常用正弦型函数

$$y=A\sin(\omega x+\varphi)\ (x\in[0,+\infty),A>0,\omega>0)$$

表示振动量,其中 x 表示振动的时间,y 表示离开平衡位置的位移,A 表示这个量振动时离开平衡位置的最大距离,所以通常把 A 叫做振动的**振幅**,函数的最大值 $y_{max}=A$,最小值 $y_{min}=-A$;往复振动一次所需要的时间

$$T=\frac{2\pi}{\omega}$$

叫做这个振动的**周期**.单位时间内往复振动的次数

$$f=\frac{1}{T}=\frac{\omega}{2\pi}$$

叫做振动的**频率**. $\omega x+\varphi$ 叫做**相位**,$x=0$ 时的相位 φ 叫做**初相**.

例 4 指出函数 $y=\sin 2x+\sqrt{3}\cos 2x$ 的周期、振幅及频率,并指出当角 x 取何值时,函数取得最大值和最小值.

解 由于

$$\begin{aligned} y&=\sin 2x+\sqrt{3}\cos 2x=2\left(\frac{1}{2}\sin 2x+\frac{\sqrt{3}}{2}\cos 2x\right)\\ &=2\left(\sin 2x\cos\frac{\pi}{3}+\cos 2x\sin\frac{\pi}{3}\right)=2\sin\left(2x+\frac{\pi}{3}\right),\end{aligned}$$

故函数的周期为 π,振幅为 2,频率为 $\frac{1}{\pi}$.

当 $2x+\frac{\pi}{3}=2k\pi+\frac{\pi}{2}$,即 $x=k\pi+\frac{\pi}{12}$ 时,函数 $y=2\sin\left(2x+\frac{\pi}{3}\right)$ 有最大值,最大值为 2,其中 k 为整数.

当 $2x+\frac{\pi}{3}=2k\pi+\frac{3\pi}{2}$,即 $x=k\pi+\frac{7\pi}{12}$ 时,函数 $y=2\sin\left(2x+\frac{\pi}{3}\right)$ 有最小值,最小值为 -2,其中 k 为整数.

【说明】

一般地，研究函数 $y=a\sin x+b\cos x\ (a>0,b>0)$ 时，首先要把函数转化为 $y=A\sin(x+\theta)$ 的形式. 考察以 (a,b) 为坐标的点 P（图 1-9），设以 OP 为终边的角为 θ，则

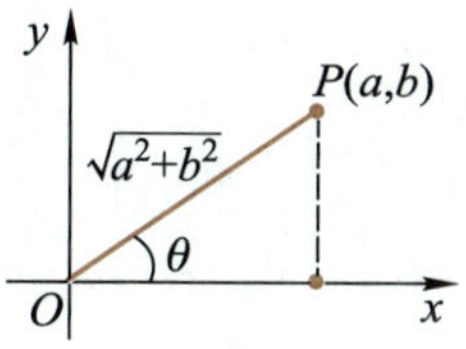

图 1-9

$$\cos\theta=\frac{a}{\sqrt{a^2+b^2}},\sin\theta=\frac{b}{\sqrt{a^2+b^2}}\left(或\ \tan\theta=\frac{b}{a}\right).$$

于是

$$\begin{aligned}a\sin x+b\cos x&=\sqrt{a^2+b^2}\left(\frac{a}{\sqrt{a^2+b^2}}\sin x+\frac{b}{\sqrt{a^2+b^2}}\cos x\right)\\&=\sqrt{a^2+b^2}(\cos\theta\sin x+\sin\theta\cos x)\\&=\sqrt{a^2+b^2}\sin(x+\theta),\end{aligned}$$

即 $A=\sqrt{a^2+b^2}$. 角 θ 的值可以由 $\tan\theta=\frac{b}{a}$ 确定（角 θ 所在的象限与点 P 所在的象限相同）.

例 5 已知一个周期的正弦型曲线如图 1-10 所示，求函数的解析式.

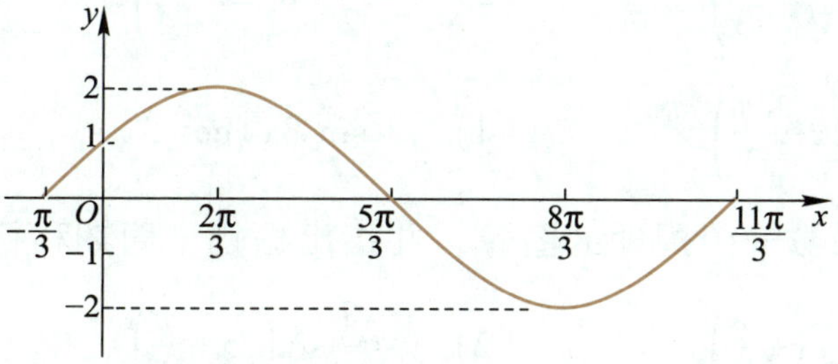

图 1-10

解 观察曲线知 $A=2$. 因为

$$\frac{11\pi}{3}-\left(-\frac{\pi}{3}\right)=4\pi,$$

所以函数的周期为 4π，故 $\omega=\frac{1}{2}$. 起点的坐标为 $\left(-\frac{\pi}{3},0\right)$，故

$$-\frac{\varphi}{\frac{1}{2}}=-\frac{\pi}{3},$$

解得 $$\varphi=\frac{\pi}{6}.$$

所以函数解析式为 $$y=2\sin\left(\frac{1}{2}x+\frac{\pi}{6}\right).$$

练习 1.2.2

1. 作出正弦型函数 $y=2\sin\left(3x-\dfrac{\pi}{3}\right)$ 在一个周期内的图像.

2. 指出由正弦曲线 $y=\sin x$ 经过怎样的步骤可以得到正弦型曲线 $y=2\sin\left(\dfrac{1}{3}x+\dfrac{\pi}{6}\right)$.

3. 指出当角 x 取何值时下列函数取得最大值和最小值：

（1） $y=\sin\left(3x-\dfrac{\pi}{4}\right)$；　　（2） $y=\sin 2x-\cos 2x$.

习题 1.2

1. 指出下列函数的最大值和最小值以及取得最值时 x 的值：

（1） $y=2\sin\left(\dfrac{1}{3}x+\dfrac{\pi}{3}\right)$；　　（2） $y=\dfrac{1}{2}\sin\left(2x-\dfrac{\pi}{4}\right)$；

（3） $y=3\sin\left(2x-\dfrac{2\pi}{3}\right)$；　　（4） $y=\sin 3x+\cos 3x$.

2. 作出下列函数一个周期的图像，并指出振幅、周期和初相：

（1） $y=3\sin\left(\dfrac{1}{2}x+\dfrac{\pi}{6}\right)$；　　（2） $y=\dfrac{1}{2}\sin\left(3x-\dfrac{\pi}{6}\right)$；

（3） $y=\sqrt{3}\sin 2x+\cos 2x$；　　（4） $y=\cos x+\sin x$.

3. 指出由正弦曲线 $y=\sin x$ 经过怎样的步骤可以得到正弦型曲线 $y=\dfrac{1}{3}\sin\left(4x-\dfrac{\pi}{3}\right)$.

4. 一个周期的正弦型曲线如图所示，求函数的解析式.

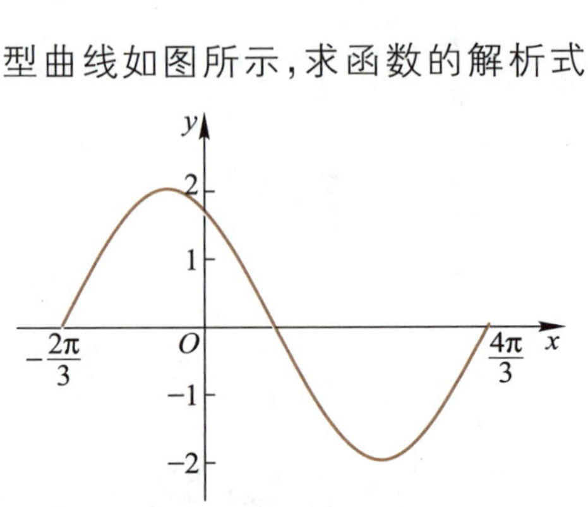

第 4 题图

1.3 正弦定理与余弦定理

1.3.1 正弦定理

我们知道，在直角三角形 ABC（图 1-11）中，$\frac{a}{c}=\sin A$，$\frac{b}{c}=\sin B$，即

$$\frac{a}{\sin A}=c,\quad \frac{b}{\sin B}=c.$$

由于 $\angle C=90°$，所以 $\sin C=1$，于是

$$\frac{c}{\sin C}=c.$$

所以

$$\frac{a}{\sin A}=\frac{b}{\sin B}=\frac{c}{\sin C}.$$

在任意三角形中，是否也存在类似的数量关系呢？

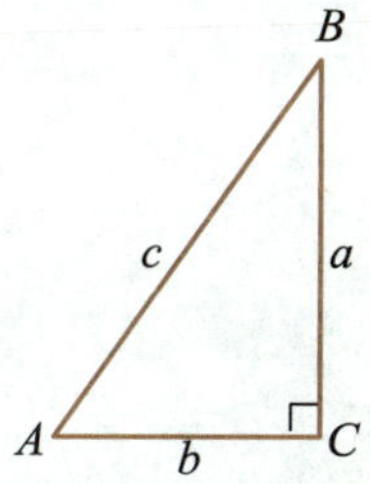

图 1-11

在锐角三角形 ABC［图 1-12(1)］中，作 $CD\perp AB$ 于 D，则 $CD=b\sin A$，$CD=a\sin B$，于是 $b\sin A=a\sin B$，即

$$\frac{a}{\sin A}=\frac{b}{\sin B}.$$

同理有

$$\frac{a}{\sin A}=\frac{c}{\sin C},$$

故

$$\frac{a}{\sin A}=\frac{b}{\sin B}=\frac{c}{\sin C}.$$

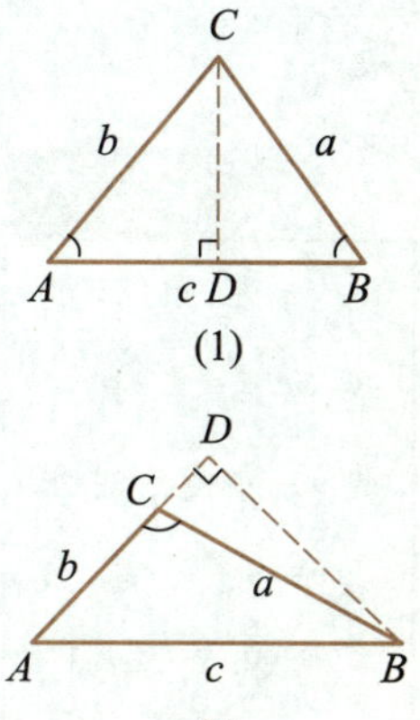

图 1-12

在钝角三角形 ABC 中，不妨设 $\angle C$ 为钝角［图 1-12(2)］，作 $BD\perp AC$ 延长线于 D，则 $BD=c\sin A$，$BD=a\sin(180°-C)=a\sin C$，即 $\frac{a}{\sin A}=\frac{c}{\sin C}$. 同理有 $\frac{b}{\sin B}=$

$\frac{c}{\sin C}$，故

$$\frac{a}{\sin A}=\frac{b}{\sin B}=\frac{c}{\sin C}.$$

于是得到**正弦定理**：

在三角形中，各边与它所对角的正弦之比相等．即

$$\frac{a}{\sin A}=\frac{b}{\sin B}=\frac{c}{\sin C} \tag{1.10}$$

利用正弦定理可以解决下列解三角形的问题：

（1）已知三角形的两个角和任意一边，求其他两边和另一个角．

（2）已知三角形的两边和其中一边所对角，求其他两角和另一条边．

例 2 结果图示

例 1　在 $\triangle ABC$ 中，已知 $\angle B=30°$，$\angle C=135°$，$c=6$，求 b．

分析　这是已知三角形的两个角和一边，求其他边和角的问题，可以直接应用正弦定理．

解　因为

$$\frac{b}{\sin B}=\frac{c}{\sin C},$$

所以

$$b=\frac{c\sin B}{\sin C}=\frac{6\times\sin 30°}{\sin 135°}=\frac{6\times\frac{1}{2}}{\frac{\sqrt{2}}{2}}=3\sqrt{2}.$$

注　意

已知三角形的两边和其中一边的对角，利用正弦定理求另一边的对角时，要讨论这个角的取值范围，以避免发生错误．

例 2　已知在 $\triangle ABC$ 中，$\angle A=30°$，$a=15\sqrt{2}$，$b=30$，求 $\angle B$．

分析　这是已知三角形的两边和其中一边的对角，求其他角和边的问题，可以首先直接应用正弦定理求出角的正弦值，然后再求出角．

解　因为

$$\frac{a}{\sin A}=\frac{b}{\sin B},$$

所以

$$\sin B=\frac{b\sin A}{a}=\frac{30\times\sin 30°}{15\sqrt{2}}=\frac{30\times\frac{1}{2}}{15\sqrt{2}}=\frac{\sqrt{2}}{2}.$$

由 $b>a$，知 $\angle B>\angle A$，故 $30°<\angle B<180°$，所以 $\angle B=45°$ 或 $\angle B=135°$．

例 3 已知在$\triangle ABC$中，$\angle A=45°$，$a=30$，$b=15\sqrt{2}$，求$\angle B$.

解
$$\sin B=\frac{b\sin A}{a}=\frac{15\sqrt{2}\times\sin 45°}{30}=\frac{1}{2}.$$

由于 $b<a$，所以$\angle B<\angle A$，即 $0°<\angle B<45°$，所以$\angle B=30°$.

练习 1.3.1

1. 已知$\triangle ABC$中，$c=5$，$\angle B=30°$，$\angle C=135°$，求 b.
2. 已知$\triangle ABC$中，$a=10$，$\angle B=30°$，$\angle C=120°$，求 c.
3. 已知$\triangle ABC$中，$\angle A=45°$，$a=2$，$b=\sqrt{2}$，求$\angle B$.

1.3.2 余弦定理

问题：如果知道三角形的两条边及它们的夹角，如何求第三条边呢？

在三角形 ABC 中（图 1-13），作 $CD\perp AB$ 于 D，则

$$\begin{aligned}a^2&=CD^2+DB^2=b^2-AD^2+DB^2\\&=b^2+(DB+AD)(DB-AD)=b^2+c\cdot(DB+AD-2AD)\\&=b^2+c(c-2AD)=b^2+c^2-2c\cdot AD\\&=b^2+c^2-2cb\cos A,\end{aligned}$$

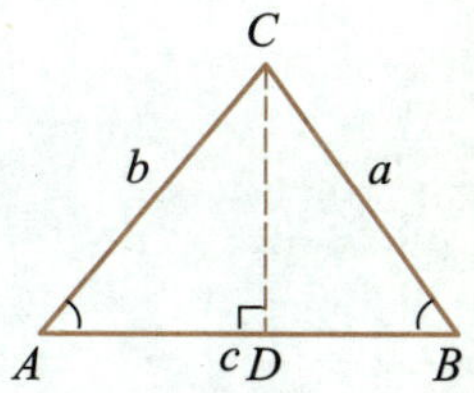

图 1-13

即
$$a^2=b^2+c^2-2bc\cos A.$$

同理可得 $b^2=a^2+c^2-2ac\cos B$，$c^2=a^2+b^2-2ab\cos C$.

可以证明，上述结论对于任意三角形都成立. 于是得到**余弦定理**：

三角形中任意一边的平方等于其余两边的平方和减去这两边与其夹角余弦乘积的两倍. 即

$$\begin{aligned}a^2&=b^2+c^2-2bc\cos A\\b^2&=a^2+c^2-2ac\cos B\\c^2&=a^2+b^2-2ab\cos C\end{aligned}\qquad(1.11)$$

显然,当 $\angle C=90°$ 时,有 $c^2=a^2+b^2$.这就是说,勾股定理是余弦定理的特例.

式(1.11)经变形后可以写成

$$\cos A=\frac{b^2+c^2-a^2}{2bc}$$
$$\cos B=\frac{a^2+c^2-b^2}{2ac} \qquad (1.12)$$
$$\cos C=\frac{a^2+b^2-c^2}{2ab}$$

利用余弦定理可以解决下列解三角形的问题:

(1) 已知三角形的两条边和它们的夹角,求第三边和其他的两个角.

(2) 已知三角形的三边,求三个角.

例 4 在 $\triangle ABC$ 中,$\angle A=60°$,$b=3$,$c=8$,求 a.

分析 这是已知三角形的两条边和它们的夹角,求第三边的问题,可以直接应用余弦定理.

解

$$\begin{aligned}a^2&=b^2+c^2-2bc\cos A\\&=3^2+8^2-2\times3\times8\times\cos 60°=49,\end{aligned}$$

所以 $a=7$.

例 5 在 $\triangle ABC$ 中,$a=6$,$b=7$,$c=10$,求 $\triangle ABC$ 中的最大角和最小角(精确到 $1°$).

分析 三角形中大边对大角,小边对小角.

解 由于 $a<b<c$,所以 $\angle C$ 最大,$\angle A$ 最小,由公式(1.12),有

$$\cos C=\frac{a^2+b^2-c^2}{2ab}=\frac{6^2+7^2-10^2}{2\times6\times7}\approx-0.178\ 6,$$

所以

$$\angle C\approx100°.$$

$$\cos A=\frac{b^2+c^2-a^2}{2bc}=\frac{7^2+10^2-6^2}{2\times7\times10}\approx0.807\ 1,$$

所以

$$\angle A\approx36°.$$

练习 1.3.2

1. 在 $\triangle ABC$ 中，$\angle A$ 为钝角，且 $\sin A=\dfrac{4}{5}$，$c=5$，$b=4$，求 a.

2. 在 $\triangle ABC$ 中，$c=\sqrt{37}$，$b=3$，$a=4$，求 $\angle C$.

3. 在 $\triangle ABC$ 中，$b=\sqrt{3}+1$，$c=2$，$\angle A=60^\circ$，求 a 与 $\angle C$.

1.3.3 正弦定理与余弦定理应用举例

航海与测量中的角

在实际问题中，经常需要计算高度、长度、距离和角的大小，这类问题大部分与三角形有关，可以归结为解三角形的问题，需要应用正弦定理或余弦定理.

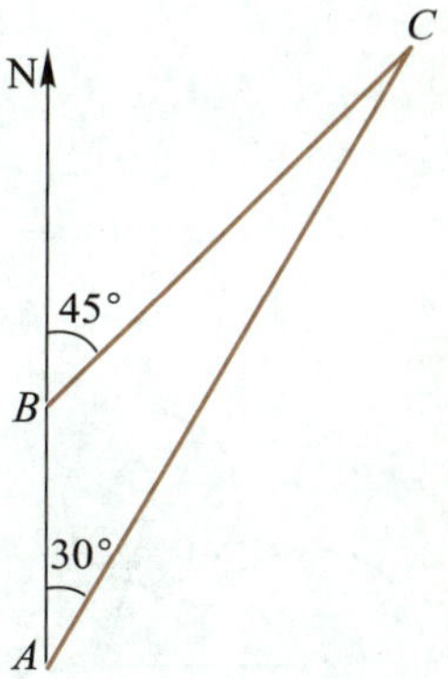

图 1-14

例 6 一艘船以 36 n mile/h 的速度向正北方向航行（图 1-14）. 在 A 处观察灯塔 C 在船的北偏东 30°，0.5 h 后，船行驶到 B 处. 再观察灯塔 C 在船的北偏东 45°，求 B 处和灯塔 C 的距离（精确到 0.1 n mile）.

解 因为 $\angle NBC=45^\circ$，$\angle A=30^\circ$，所以 $\angle C=15^\circ$，

$$AB=36\times0.5=18\text{(n mile)}.$$

由正弦定理得

$$BC=\frac{AB\cdot\sin A}{\sin C}=\frac{18\sin 30^\circ}{\sin 15^\circ}\approx34.8\text{(n mile)}.$$

答：B 处离灯塔约 34.8 n mile.

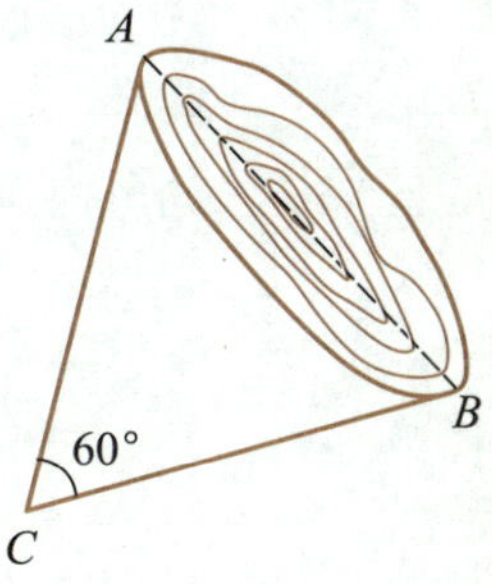

图 1-15

例 7 修筑道路需挖掘隧道，在山的两侧是隧道口 A 和 B（图 1-15），在平地上选择适合测量的点 C，如果 $\angle C=60^\circ$，$AC=350$ m，$BC=450$ m，试计算隧道 AB 的长度（精确到 1 m）.

解 在 $\triangle ABC$ 中，由余弦定理知

$$\begin{aligned}AB^2&=AC^2+BC^2-2AC\cdot BC\cdot\cos C\\&=350^2+450^2-2\times350\times450\times\cos 60^\circ\end{aligned}$$

$$=167\ 500.$$

所以 $$AB \approx 409\ \text{m}.$$

答：隧道 AB 的长度约为 409 m.

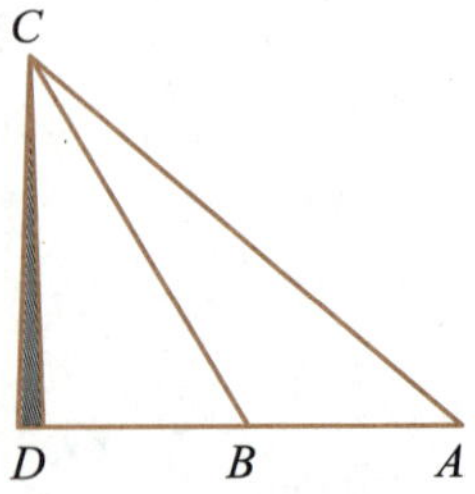

第 2 题图

练习 1.3.3

1. 在 $\triangle ABC$ 中，已知 $a=7, b=2, c=3\sqrt{3}$，求 $\angle A$.

2. 有一个塔 CD（如图所示），在点 A 处看塔顶 C 的仰角为 45°，在点 B 处看塔顶 C 的仰角为 60°，若塔底 D 与点 A、B 在同一条水平线上，且点 A、B 的距离为 120 m. 求塔高（精确到 0.01 m）.

习题 1.3

1. 在 $\triangle ABC$ 中：

（1）已知 $b=8, c=3, \angle A=60^\circ$，求 a；

（2）已知 $a=2, b=\sqrt{2}, c=\sqrt{3}+1$，求 $\angle A$；

（3）已知 $a=2, b=\sqrt{6}, \angle A=45^\circ$，求 $\angle B$；

（4）已知 $a=5\sqrt{2}, c=10, \angle A=30^\circ$，求 $\angle B$；

2. 在 $\triangle ABC$ 中，已知 $A=45^\circ, B=60^\circ$，求 $\dfrac{a}{b}$.

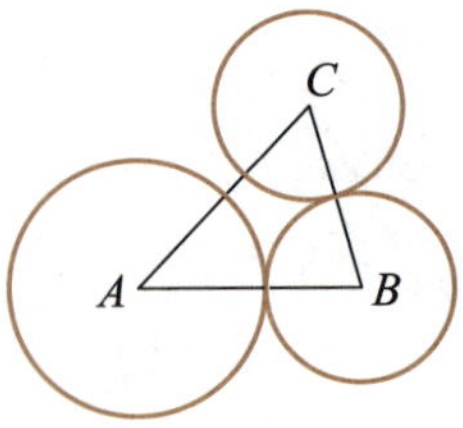

第 3 题图

3. 如图所示，某机械传动的三个齿轮啮合传动. 若 A 轮的直径为 180 mm，B、C 两轮的直径都是 120 mm，且 $\angle ABC=70^\circ$，求 A、C 两齿轮的中心距离（精确到 1 mm）.

4. 如图所示，已知曲柄连杆机构中的 $OA=0.45$ m，$AP=2.25$ m，当 $\alpha=0^\circ$ 时，P 和 Q 重合，设 P、Q 距离为 x，求在下列条件下 x 的值（精确到 0.01 m）.

（1）$\alpha=30^\circ$；　　（2）$\alpha=135^\circ$.

5. 如图所示，A、B 两地相距 308 km，飞机从 A 地飞往 B 地，因风向关系使飞机偏离航线 6°，飞行 115 km 到达 C 地，求此时飞机从 C 地到 B 地的距离，及其航向与 CB 方向的偏角 α（精确到 0.01°）.

6. 平行四边形 $ABCD$ 中，已知 $AB=3+\sqrt{3}, BD=3\sqrt{2}, \angle BDC=45^\circ$. 求：

（1）AD 的长；　　（2）角 A 的大小.

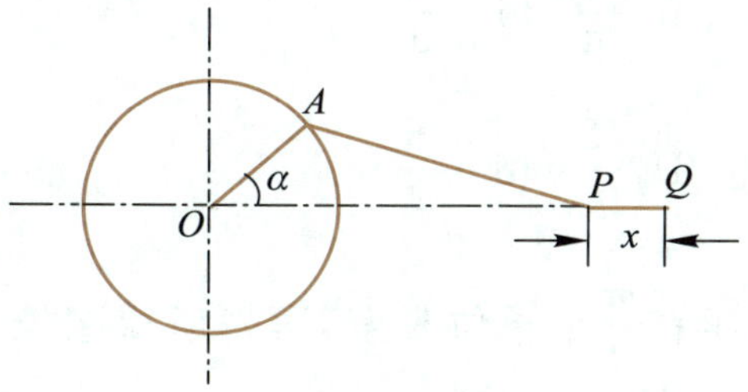

第 4 题图

第 5 题图

复习题 1

1. 选择题

(1) 如果 x 是锐角，那么 $\sin x+\cos x$ 的取值范围是(　　).

A. $[1,\sqrt{2}]$　　B. $(1,\sqrt{2}]$　　C. $[0,1]$　　D. $(0,1]$

(2) 若 θ 为锐角，$\sin 2\theta=a$，则 $\sin\theta+\cos\theta$ 的值为(　　).

A. $\sqrt{1+a}$　　B. $\pm\sqrt{1+a}$

C. $\sqrt{1+a}+\sqrt{a^2-a}$　　D. $(\sqrt{2}-1)a+1$

(3) $\sin 15°-\cos 15°$ 的值是(　　).

A. $\frac{\sqrt{6}}{2}$　　B. $-\frac{\sqrt{6}}{2}$　　C. $-\frac{\sqrt{2}}{2}$　　D. $\frac{\sqrt{2}}{2}$

(4) 函数 $y=\sin 2x+\sqrt{3}\cos 2x$ 的最大值是(　　).

A. -2　　B. $\sqrt{3}$　　C. 2　　D. 1

(5) 如果 $\cos\alpha=\frac{1}{2}$，则 $\sin^2\frac{\alpha}{2}$ 的值为(　　).

A. $\frac{3}{4}$　　B. $\frac{1}{4}$　　C. $\frac{1}{2}$　　D. $\frac{2-\sqrt{3}}{4}$

(6) 函数 $y=A\sin(\omega x+\varphi)$ 一个周期的最高点的坐标为 $\left(\frac{\pi}{12},3\right)$，最低点的坐标为 $\left(\frac{7\pi}{12},-3\right)$，则 ω 和 φ 的值分别为(　　).

A. $\frac{1}{2}$ 和 $\frac{\pi}{3}$　　B. 2 和 $\frac{\pi}{6}$　　C. 2 和 $\frac{\pi}{3}$　　D. 1 和 $\frac{\pi}{3}$

(7) 函数 $y=2\sin\left(5x-\frac{\pi}{4}\right)$ 的频率和初相分别是(　　).

A. $\frac{2\pi}{5}$ 和 $\frac{\pi}{4}$　　B. $\frac{2\pi}{5}$ 和 $-\frac{\pi}{4}$

C. $\frac{5}{2\pi}$ 和 $\frac{\pi}{4}$　　D. $\frac{5}{2\pi}$ 和 $-\frac{\pi}{4}$

(8) 先把函数 $y=\sin\left(5x-\frac{\pi}{2}\right)$ 的图像向右平移$\frac{\pi}{4}$个单位长度，再把所得图像上各点的横坐标缩短为原来的$\frac{1}{2}$倍，所得函数的解析式为(　　).

A. $y=\sin\left(10x-\frac{3\pi}{4}\right)$　　B. $y=\sin\left(10x-\frac{7\pi}{2}\right)$

C. $y=\sin\left(10x-\frac{3\pi}{2}\right)$　　D. $y=\sin\left(10x-\frac{7\pi}{4}\right)$

(9) 锐角三角形 ABC 中，$C=2B$，则$\frac{AB}{AC}$的范围是(　　).

A. $(0,2)$　　B. $(\sqrt{2},2)$　　C. $(\sqrt{2},\sqrt{3})$　　D. $(\sqrt{3},2)$

(10) 在$\triangle ABC$ 中，已知 $AB=2$，$AC=\sqrt{7}$，$BC=3$. 则$\angle B=$(　　).

A. $\frac{\pi}{6}$　　B. $\frac{\pi}{4}$

C. $\frac{\pi}{3}$　　D. $\frac{2\pi}{3}$

2. 填空题

(1) $\sin 65°\cos 20°-\cos 65°\sin 20°=$____________.

(2) $\cos\frac{\pi}{12}\sin\frac{5\pi}{12}+\sin\frac{\pi}{12}\cos\frac{5\pi}{12}=$_______________.

(3) 函数 $y=2\sin\left(3x+\frac{\pi}{4}\right)$ 的周期是________，当 $x=$________时，函数取得最大值；当 $x=$________时，函数取得最小值.

(4) 用“五点法”作图时，正弦型函数 $y=2\sin\left(3x-\frac{\pi}{4}\right)$ 一个周期内图像对应的五个关键点分别为________________________.

(5) 函数 $y=2\sin\left(2x-\frac{2\pi}{3}\right)$ 的周期为________，振幅为________.

(6) 正弦型曲线 $y=2\sin\left(3x-\frac{\pi}{6}\right)$ 是由正弦型曲线 $y=2\sin 3x$ 向________平移________个单位得到的.

3. 已知 $\sin\alpha=\dfrac{4}{5}$，且 α 是第二象限的角，求 $\sin 2\alpha$、$\cos 2\alpha$ 和 $\tan 2\alpha$ 的值.

4. 已知 α、β 都是锐角，且 $\cos\alpha=\dfrac{4}{5}$，$\cos(\alpha+\beta)=-\dfrac{16}{65}$，求 $\cos\beta$ 的值.

5. 在 $\triangle ABC$ 中，$3\sin A+4\cos B=6$，$4\sin B+3\cos A=1$，求角 C.

6. 求函数 $y=\cos\left(x+\dfrac{\pi}{3}\right)-\sin\left(x+\dfrac{\pi}{3}\right)$ 的最大值、最小值和周期.

7. 设 $0<\alpha<\dfrac{\pi}{4}$，$0<\beta<\dfrac{\pi}{4}$，且 $3\sin\beta=\sin(2\alpha+\beta)$，$4\tan\dfrac{\alpha}{2}=1-\tan^2\dfrac{\alpha}{2}$，求 $\alpha+\beta$ 的值.

8. 已知函数 $y=A\sin(\omega x+\varphi)$ 在某一个周期内的图像的最高点为 $\left(\dfrac{3\pi}{8},3\right)$，最低点为 $\left(\dfrac{7\pi}{8},-3\right)$，求 A、ω、φ 的值.

9. 利用“五点法”作出下列函数在一个周期内的图像：

（1）$y=\dfrac{1}{2}\sin\left(3x+\dfrac{\pi}{5}\right)$；（2）$y=\cos 4x-\sqrt{3}\sin 4x$.

10. 求证：$\cos^4\alpha-\sin^4\alpha=\cos 2\alpha$.

11. 如图所示，某海轮以 30 n mile/h 的速度航行，在 A 点测得海面上油井 P 在南偏东 60°；向北航行 40 min 后到达 B 点，测得油井 P 在南偏东 30°.试求此时 P、B 间的距离（精确到 1 n mile）.

12. 如图所示，有一个堤坝，原斜坡 AB 长 50 m，坡角 $\angle ABC=40°$，现要将斜坡的坡角改成 25°，即 $\angle D=25°$，那么斜坡的坡底要延长多少（精确到 0.1 m）？

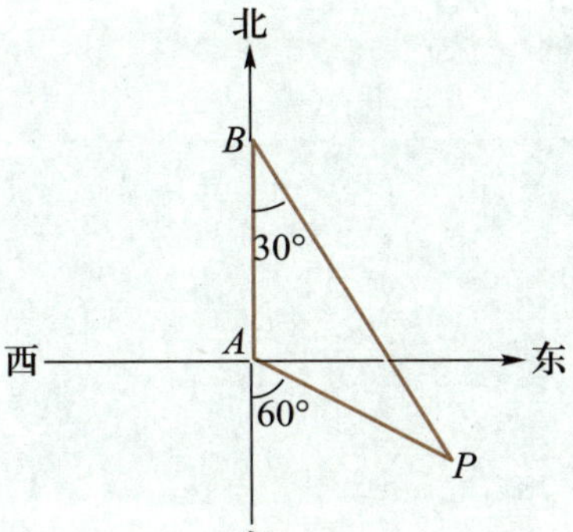

第 11 题图

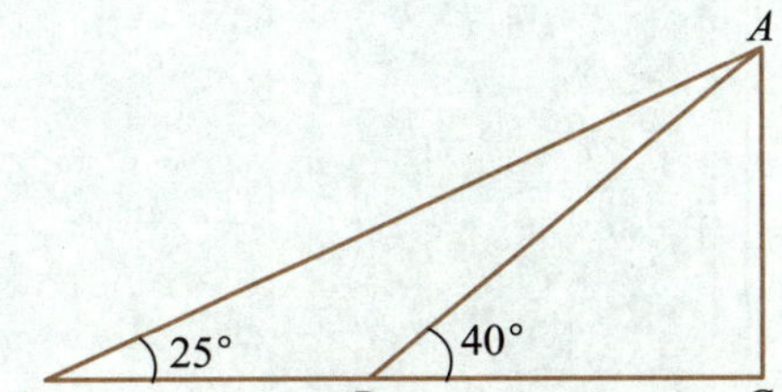

第 12 题图

数学实验 1 利用高级计算器(Microsoft Mathematics 4.0)进行数学计算

实验目的

1. 认识高级计算器的界面,了解其一般功能;
2. 利用高级计算器解方程(组);
3. 利用高级计算器解三角形.

实验内容

1. 初识高级计算器(Microsoft Mathematics 4.0 简体中文版)

2011 年 4 月,微软公司发布了软件 Microsoft Mathematics 4.0 简体中文版.这是一款免费软件,是一个高级计算器.其功能强大、操作简单,是学生学习数学课程、理解数学知识内容及应用数学知识解决问题的良好工具.

本册教材将以高级计算器为工具来理解概念、完成相关的数学计算.

打开软件(以后称为高级计算器),显示如图 1-16 所示的界面.各部分如下:

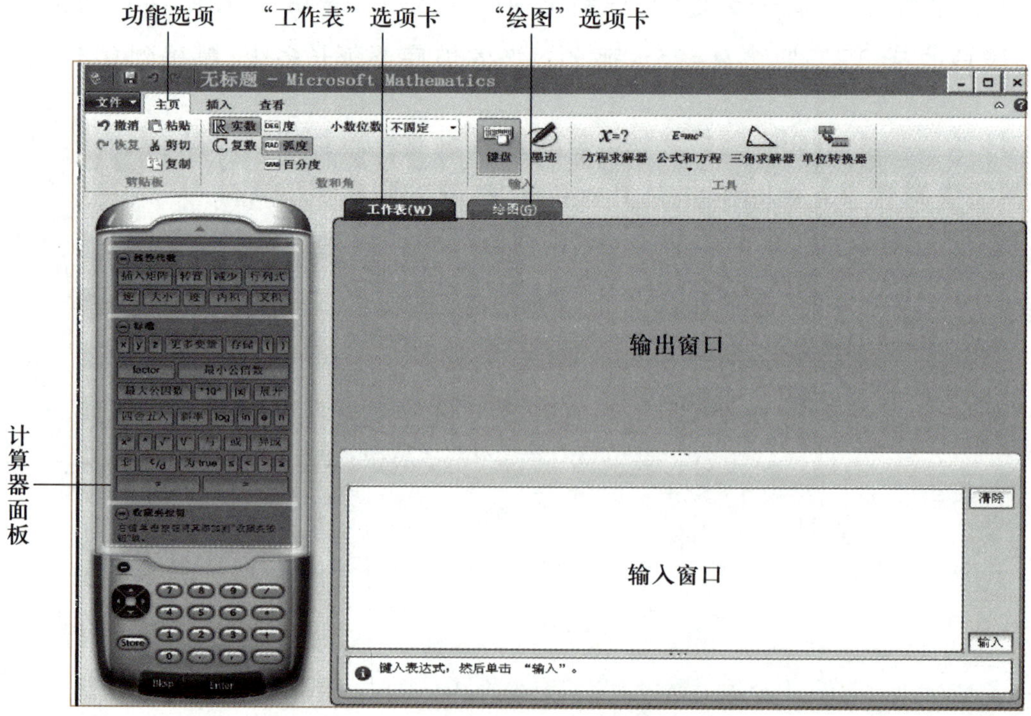

图 1-16

- **功能选项**

含文件、主页、插入、查看四个选项，每一个选项中包含各项相应的内容，可以根据计算的需要进行适当的设定.

- **计算器面板**

计算器面板包括数字面板和按钮组：微积分、统计信息、三角学、线性代数、标准以及收藏夹按钮等.

- **“工作表”选项卡**

默认情况下将显示“工作表”选项卡，可在此选项卡中执行大多数数值计算.此选项卡包括一个输入窗口和一个输出窗口.可以使用键盘、鼠标或墨迹输入方式来输入数学表达式.完成表达式的输入后，高级计算器将用符号和数字方式计算该表达式的值(如果适用)，然后在输出窗口中显示结果.

- **“绘图”选项卡**

“绘图”选项卡可用于创建大部分数学图形.此选项卡包括用于输入要绘制的函数、方程、不等式、数据集或参数方程的输入窗口和一个显示图形的图形输出窗口.

2. 利用高级计算器进行一般的数字运算

单击计算器面板中的按钮，可以显示该按钮下包含的内容.如单击按钮“”，可以看到与其他计算器类似的进行数字运算的操作按钮.利用它们可以完成一般的数字计算.

例 1 操作演示

例 1　计算：$\sqrt{32}-3\times\lg 132+2^{0.3}-\sin\dfrac{\pi}{5}$(精确到 0.01).

操作

(1) 在功能选项中，选择“主页”.然后进行设定，在“数和角”选项中，选择“实数”“弧度”“2 位小数”；在“输入”选项中，选择“键盘输入”.

(2) 利用计算器面板的操作按钮，在输入窗口输入

$$“\sqrt{32}-3\times\lg 132+2^{0.3}-\sin\frac{\pi}{5}”;$$

(3) 单击“输入”，在输出窗口显示运算结果“-0.06”.

例 2 操作演示

3. 利用高级计算器解方程(组)

利用高级计算器解一元 n 次方程的常规步骤是：首先设置小数位数，然后在输入窗口输入方程，单击“输入”，则在功能区显示出方程的解.也可以利用方程求解器，在“主页”选项上的“工具”选项中，单击“方程求解器”.在标记为“方程 1”的框中，输入方程，单击“求解”显示方程的解.

例 2　解方程 $2x^2+3x-1=0$(精确到 0.000 1).

操作 依据上面的步骤，在输入窗口输入方程 $2x^2+3x-1=0$，单击“输入”，得到

$$x_1=-1.780\,8,\quad x_2\approx 0.280\,8.$$

说明 单击功能区的“⊕”，可以显示配方或使用公式的求解过程.

利用方程求解器可以方便地解线性方程组.方法是首先设置小数位数，然后打开方程求解器，选择方程的类型（选择方程组中方程的个数），然后依次输入各个方程，单击“求解”即可得到方程组的解.请同学们亲自操作高级计算器，解方程组 $\begin{cases}2x-7y=8,\\3x-8y=10.\end{cases}$

4. 利用高级计算器解三角形

高级计算器设有利用正弦定理及余弦定理编出的程序——三角求解器，可以用来解三角形.操作方法是：首先对角度制和数字的精确度进行设置，然后在“工具”中选择“三角求解器”，出现对话框（图 1-17）.输入已知的三个量，单击“计算”，则显示所求的三个量.

例 3 操作演示

例 3 已知△ABC 中，$\angle A=45°$，$a=30$，$b=15$，求 $\angle B$、$\angle C$、a（精确到 0.01°与 0.01）.

解 依照上面的步骤进行相关设定，在求解器中输入 $\angle A$、a、b 的值，单击“计算”得到

$$\angle B\approx 20.70°,\quad \angle C\approx 114.30°,\quad c\approx 38.67.$$

说明 单击“显示”，右侧黑色三角出现“计算法则”“三角形类型”“高度和面积”三个下拉菜单供选用.本题如果选择“高度和面积”，那么会得到相关数据（图 1-18）.

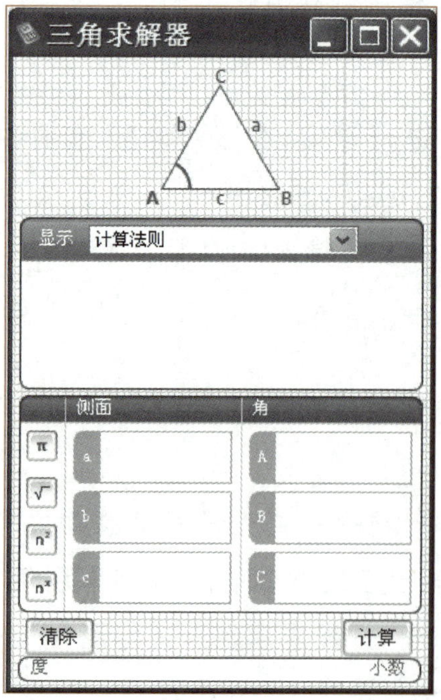

图 1-17

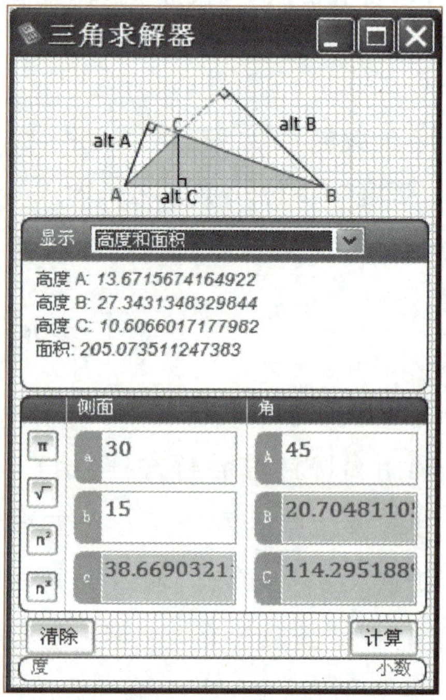

图 1-18

实验1 作业

1. 求方程 $2x^3-x^2-0.2x+1.7=0$ 的近似解(精确到 0.001).

2. 解方程组 $\begin{cases}2x-y=3,\\x^2-2y^2=2.\end{cases}$

3. 利用高级计算器完成习题 1.3 中的第 3 题至第 6 题.

4. 探究和熟悉高级计算器的一般计算功能.

阅读与欣赏

刘徽与《海岛算经》

刘徽是我国 3 世纪的一位伟大的数学家.魏景元四年(公元 263 年),刘徽为《九章算术》做了全面的注释并给以图解,他的注解内容详细、丰富,并纠正了原书流传下来的一些错误,使得《九章算术》的科学性得到提高,他的注释本被称为《九章算术》的定本.

刘徽(约公元 3 世纪)

在注释勾股章时,他发现书中介绍的测量问题有不足之处.就编撰了专门论述测量问题的《重差》一卷,列于《九章算术注》之末.后来《重差》一卷另行单本,改称为《海岛算经》,它是著名的十部算经之一.

《海岛算经》共列有九道测量问题.其中含两次测望的三道题,三次测望的四道题,四次测望的两道题.《海岛算经》将一次测望的简单问题发展到连续四次测望的复杂问题,在测量问题的研究方法上取得了卓越的成就.

《海岛算经》的名称大概来源于其第 1 道题目就是“海岛测望”.题目如下:“今有望海岛,立二表齐,高三丈,前后相去千步,令后表与前表相直.从前表却行一百二十三步,人目着地取望岛峰,与表末参合;从后表却行一百二十七步,人目着地取望岛峰,亦与表末参合.问岛高及去表各几何?”

下面我们将这道题目结合图形用现代语言来进行表述.

如图 1-19 所示,有人望海岛 AB,立两个高均为 3 丈的标杆 CD 与 EF,其距离(DF)为 1 000 步,并且两个标杆的上下两端各在同一个水平线上.从标杆 CD 退行(DG)123 步,岛峰 A、标杆上端 C 与 G 共线;从标杆 EF 退行(FH)127 步,岛峰 A、

标杆上端 E 与 H 共线. 问海岛的高度 AB 及海岛与标杆 CD 的距离 BD 各是多少？

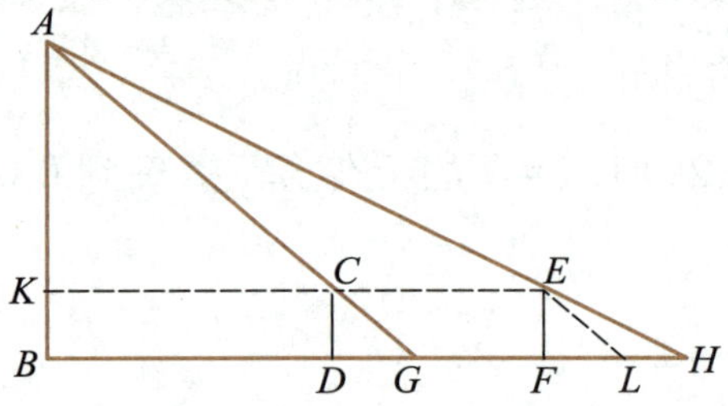

图 1-19

设 $CD=EF=b$, $DF=d$, $DG=a_1$, $FH=a_2$, $AB=y$, $BD=x$. 作 $EL\parallel CG$, 则 $\triangle CDG\cong\triangle EFL$, 故 $LH=a_2-a_1$. 作 $KE\parallel BH$, 则 $CE=DF=d$.

由于 $\triangle AKC\backsim\triangle EFL$, $\triangle ACE\backsim\triangle ELH$. 故

$$\frac{AK}{EF}=\frac{KC}{FL}=\frac{AC}{EL}=\frac{CE}{LH},$$

即
$$\frac{y-b}{b}=\frac{x}{a_1}=\frac{d}{a_2-a_1},$$

故
$$y=\frac{bd}{a_2-a_1}+b,\quad x=\frac{a_1d}{a_2-a_1}.$$

按照换算关系 1 步 = 6 尺, 有 $b=5$ 步. 将其与 $d=1\ 000$ 步, $a_1=123$ 步, $a_2=127$ 步代入上式, 有

$$y=\frac{5\times1\ 000}{127-123}+5=1\ 255(\text{步}),$$

$$x=\frac{123\times1\ 000}{127-123}=30\ 750(\text{步}).$$

在测量计算公式中, $\frac{d}{a_2-a_1}$ 是两个差数之比, d 是两个标杆对被测物的距离差, a_2-a_1 是两个标杆的影差. 因此, 这种测量方法称为“重差术”. 这种方法解决了直接测量所不可能解决的问题.

学习本章知识后, 我们可以采用三角方法, 通过解三角形来完成计算. 请同学们试一试.

刘徽的“海岛测望”在数学发展史上处于领先的地位. 直到 7 世纪, 印度数学著作中才出现了一道与《海岛算经》十分相近的两次测望问题. 到了 15、16 世纪, 欧洲的数学著作中也只有比较简单的两次测望问题. 而刘徽早在 3 世纪便解决了一至四次测望问题. 他的功绩在测量学的发展中是不可磨灭的.

刘徽学风严谨，实事求是，而且富于批判精神，在算术、代数、几何等方面都有杰出的贡献.他的一些方法对后世有很大启发，即使对现今数学也有可借鉴之处.刘徽是我国古代数学史上的一代楷模.

第2章

椭圆、双曲线、抛物线

椭圆、双曲线、抛物线广泛应用于生活与科学研究中，如人造卫星的运行轨道是椭圆，发电厂冷却塔的轴截面曲线是双曲线，探照灯反光面的轴截面曲线是抛物线.

本章主要介绍椭圆、双曲线、抛物线的概念、标准方程、性质及应用，提高数学思维能力和利用"解析法"解决问题的能力.从而培养和提升学生的数学运算、直观想象、逻辑推理和数学抽象等核心素养.

2.1 椭圆

2.1.1 椭圆的定义与标准方程

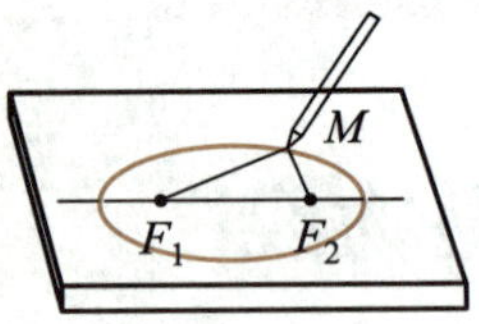

图 2-1

我们已经学习过直线与圆的方程.知道二元一次方程 $Ax+By+C=0$ 是直线的方程,二元二次方程 $x^2+y^2+Dx+Ey+F=0\,(D^2+E^2-4F>0)$ 是圆的方程.

下面将陆续研究一些新的二元二次方程及其对应的曲线.

椭圆形成动画演示

通过折纸探究椭圆

先来做一个实验.

准备一条长度一定的线绳、两枚钉子和一支铅笔,按照下面的步骤画一个图形:

(1) 如图 2-1 所示,将绳子的两端用钉子固定在画板上的 F_1 和 F_2 两点,并使绳长大于 F_1 和 F_2 的距离.

(2) 用铅笔尖将线绳拉紧,并保持线绳的拉紧状态,笔尖在画板上慢慢移动,观察所画出的图形.

从实验中可以看到,笔尖(即点 M)在移动过程中,与两个定点 F_1 和 F_2 的距离之和始终保持不变(等于这条绳子的长度).

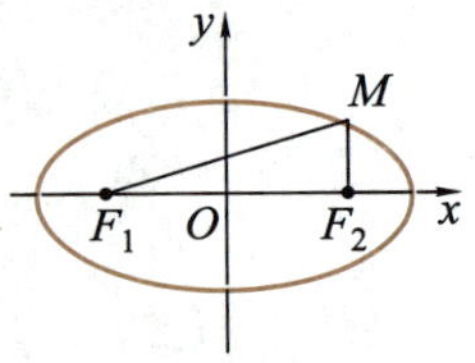

图 2-2

平面内与两个定点 F_1,F_2 的距离之和为常数(大于 $|F_1F_2|$)的点的轨迹(或集合)叫做**椭圆**.这两个定点叫做椭圆的**焦点**,两个焦点间的距离叫做**焦距**.

实验画出的图形就是椭圆.下面根据实验的步骤来研究椭圆的方程.

取过焦点 F_1,F_2 的直线为 x 轴,线段 F_1F_2 的垂直平分线为 y 轴,建立平面直角坐标系,如图 2-2 所示.

设 $M(x,y)$ 是椭圆上的任意一点，椭圆的焦距为 $2c(c>0)$，椭圆上的点与两个定点 F_1,F_2 的距离之和为 $2a(a>0)$，则 F_1,F_2 的坐标分别为 $(-c,0)$，$(c,0)$，由条件 $|MF_1|+|MF_2|=2a$，得

$$\sqrt{(x+c)^2+y^2}+\sqrt{(x-c)^2+y^2}=2a,$$

移项得 $$\sqrt{(x+c)^2+y^2}=2a-\sqrt{(x-c)^2+y^2},$$

两边平方得 $$(x+c)^2+y^2=4a^2-4a\sqrt{(x-c)^2+y^2}+(x-c)^2+y^2,$$

整理得 $$a^2-cx=a\sqrt{(x-c)^2+y^2},$$

两边平方后，整理得 $$(a^2-c^2)x^2+a^2y^2=a^2(a^2-c^2).$$

由椭圆的定义得 $2a>2c>0$，即 $a>c>0$，所以 $a^2-c^2>0$，设 $a^2-c^2=b^2(b>0)$，则

$$b^2x^2+a^2y^2=a^2b^2.$$

等式两边同时除以 a^2b^2，得

$$\frac{x^2}{a^2}+\frac{y^2}{b^2}=1\ (a>b>0) \qquad (2.1)$$

方程(2.1)叫做焦点在 x 轴上的**椭圆的标准方程**. 它所表示的椭圆的焦点是 $F_1(-c,0)$，$F_2(c,0)$，并且 $a^2-c^2=b^2$.

如图 2-3 所示，如果取过焦点 F_1,F_2 的直线为 y 轴，线段 F_1F_2 的垂直平分线为 x 轴，建立平面直角坐标系，那么用类似的方法可以得到椭圆的方程

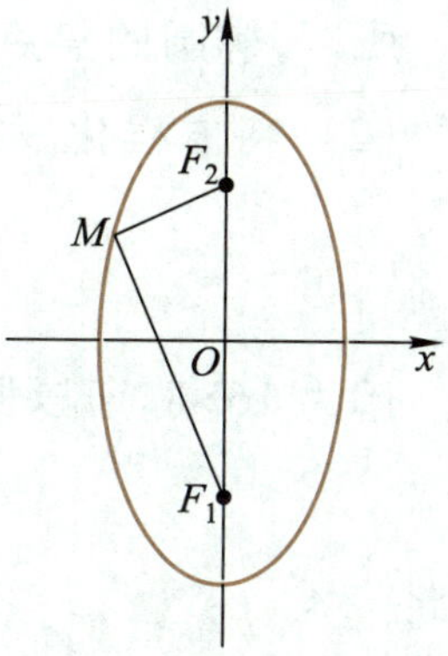

图 2-3

$$\frac{y^2}{a^2}+\frac{x^2}{b^2}=1(a>b>0) \qquad (2.2)$$

方程(2.2)叫做焦点在 y 轴上的椭圆的标准方程. 焦点是 $F_1(0,-c)$，$F_2(0,c)$，字母 a,b 的意义同上，并且 $a^2-c^2=b^2$.

小提示

设 $a^2-c^2=b^2$，不仅使得方程变得简单规整，同时在后面讨论椭圆的性质时，还会看到它有明确的几何意义.

椭圆标准方程推导

例 1 已知椭圆的焦点在 x 轴上，焦距为 8，椭圆上的点到两个焦点的距离之和为 10. 求椭圆的标准方程.

解 由 $2c=8$，$2a=10$，得 $c=4$，$a=5$，所以

$$b^2=a^2-c^2=9=3^2.$$

由于椭圆的焦点在 x 轴上，因此椭圆的标准方程为

$$\frac{x^2}{5^2}+\frac{y^2}{3^2}=1,$$

想一想

将例 1 中的条件“椭圆的焦点在 x 轴上”去掉，其余的条件不变，你能写出椭圆的标准方程吗？

即

$$\frac{x^2}{25}+\frac{y^2}{9}=1.$$

例 2 求下列椭圆的焦点和焦距：

(1) $\frac{x^2}{5}+\frac{y^2}{4}=1$； (2) $2x^2+y^2=16$.

分析 解题关键是判断椭圆的焦点在哪条坐标轴上.方法是观察标准方程中含 x 项与含 y 项的分母，含 x 项的分母大，焦点就在 x 轴上；含 y 项的分母大，焦点就在 y 轴上.

解 (1) 因为 $5>4$，所以椭圆的焦点在 x 轴上，并且 $a^2=5, b^2=4$. 故

$$c^2=a^2-b^2=1,$$

因此

$$c=1, \quad 2c=2.$$

所以，椭圆的焦点为 $F_1(-1,0)$，$F_2(1,0)$，焦距为 2.

(2) 将方程化成标准方程，为

$$\frac{x^2}{8}+\frac{y^2}{16}=1.$$

因为 $16>8$，所以椭圆的焦点在 y 轴上，并且 $a^2=16, b^2=8$，故

$$c^2=a^2-b^2=16-8=8.$$

因此

$$c=2\sqrt{2}, \quad 2c=4\sqrt{2}.$$

所以，椭圆的焦点为 $F_1(0,-2\sqrt{2})$，$F_2(0,2\sqrt{2})$，焦距为 $4\sqrt{2}$.

小提示

如果所给的椭圆方程不是标准方程，那么首先要将其化为标准方程，然后再进行研究.

练习 2.1.1

1. 已知椭圆的焦点为 $F_1(0,-2)$，$F_2(0,2)$，椭圆上的点到两个焦点的距离之和为 8.求椭圆的标准方程.

2. 写出下列椭圆的焦点坐标和焦距：

(1) $\frac{x^2}{49}+\frac{y^2}{24}=1$； (2) $4x^2+y^2=64$.

3. 已知椭圆的焦距为 6，椭圆上的点到两个焦点的距离之和为 10.求椭圆的标准方程.

2.1.2 椭圆的性质

前面我们根据椭圆的定义，选取适当的坐标系，得到了椭圆的标准方程.下面将通过对方程

$$\frac{x^2}{a^2}+\frac{y^2}{b^2}=1 \quad (a>b>0)$$

的研究，来认识椭圆的性质.

1. 范围

从方程中可以看到：

$$\frac{x^2}{a^2}\leqslant 1,\quad \frac{y^2}{b^2}\leqslant 1,$$

即
$$-a\leqslant x\leqslant a,\quad -b\leqslant y\leqslant b.$$

这说明椭圆位于四条直线 $x=-a$，$x=a$，$y=-b$，$y=b$ 所围成的矩形内（图 2-4）.

2. 对称性

在椭圆的标准方程中，将 y 换成 $-y$，方程依然成立.这说明当点 $P(x,y)$ 在椭圆上时，其关于 x 轴的对称点 $P_1(x,-y)$ 也在椭圆上，因此椭圆关于 x 轴对称（图 2-5）.

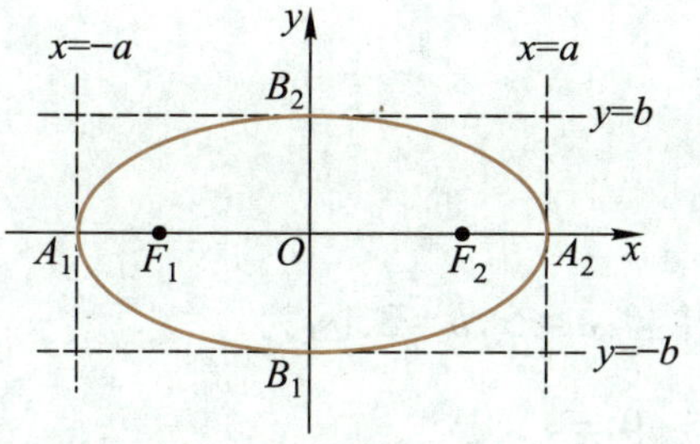

图 2-4

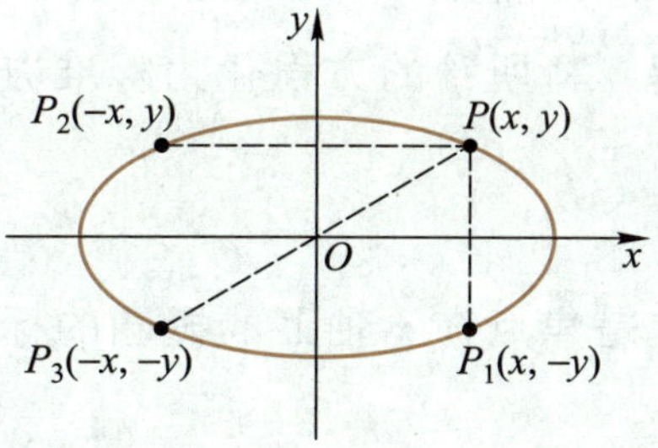

图 2-5

同理，将 x 换成 $-x$，方程依然成立.这说明当点 $P(x,y)$ 在椭圆上时，其关于 y 轴的对称点 $P_2(-x,y)$ 也在椭圆上（图 2-5）. 将 x 换成 $-x$，y 换成 $-y$，方程依然成立.这说明当点 $P(x,y)$ 在椭圆上时，其关于坐标原点的对称点 $P_3(-x,-y)$ 也在椭圆上（图 2-5）.

由此可知，椭圆既关于 x 轴对称，又关于 y 轴对称，还关于坐标原点对称.x 轴与 y 轴都叫做椭圆的**对称轴**，坐标原点叫做椭圆的**对称中心**（简称**中心**）.

说明

有些书中将圆看成椭圆的特殊情况：当 $e=0$ 的时候，$b=a$，此时椭圆就成为圆.本套教材中，将圆与椭圆作为不同的曲线来进行研究，所以椭圆的离心率 $e\neq 0$，即椭圆的离心率满足 $0<e<1$.

3. 顶点

在方程中，令 $y=0$，得 $x=\pm a$，说明椭圆与 x 轴有两个交点 $A_1(-a,0)$ 和 $A_2(a,0)$；同样，令 $x=0$，得 $y=\pm b$，说明椭圆与 y 轴有两个交点 $B_1(0,-b)$ 和 $B_2(0,b)$（图 2-4）.

椭圆与它的对称轴的交点叫做椭圆的**顶点**.因此 A_1、A_2、B_1、B_2 四个点是椭圆 $\frac{x^2}{a^2}+\frac{y^2}{b^2}=1$ 的四个顶点.线段 A_1A_2，B_1B_2 分别叫做椭圆的**长轴**和**短轴**，它们的长分别为 $2a$ 和 $2b$.a 和 b 分别表示椭圆的**半长轴长**和**半短轴长**.

椭圆离心率

4. 离心率

椭圆的焦距与长轴长的比 $\frac{2c}{2a}=\frac{c}{a}$ 叫做椭圆的**离心率**，记作 e.即

$$e=\frac{c}{a}.$$

因为 $a>c>0$，所以 $0<e<1$.当 e 增大逐渐接近 1 的时候，c 逐渐接近 a，从而 $b=\sqrt{a^2-c^2}$ 越小，因此椭圆越扁；反之，当 e 减小逐渐接近 0 的时候，c 逐渐接近 0，从而 $b=\sqrt{a^2-c^2}$ 逐渐接近 a，此时椭圆逐渐接近于圆.

例 3 求椭圆 $9x^2+25y^2=225$ 的长轴长、短轴长、离心率、焦点坐标和顶点的坐标，并用"描点法"画出它的图形.

解 将所给的方程化为标准方程，得

$$\frac{x^2}{25}+\frac{y^2}{9}=1.$$

这是焦点在 x 轴上的椭圆的标准方程，并且 $a=5$，$b=3$.因为

$$c=\sqrt{a^2-b^2}=\sqrt{25-9}=4,$$

所以椭圆的长轴长 $2a=10$，短轴长 $2b=6$，离心率 $e=\frac{c}{a}=\frac{4}{5}$，焦点坐标为 $F_1(-4,0)$，$F_2(4,0)$，顶点坐标为 $A_1(-5,0)$，$A_2(5,0)$，$B_1(0,-3)$，$B_2(0,3)$.

可以先画出椭圆在第一象限及其边界内的图形，然后利用椭圆的对称性，再画出全部图形.

在第一象限及其边界内椭圆方程可以变形为

$$y=\frac{3}{5}\sqrt{25-x^2}.$$

在区间[0,5]内,选出几个 x 的值,计算出对应的 y 值(精确到0.01).列表:

x	0	1	2	3	4	5
y	3	2.94	2.75	2.4	1.8	0

以表中的 x 值为横坐标,对应的 y 值为纵坐标,在直角坐标系中依次描出相应的点 (x,y),用光滑的曲线顺次连接各点,得到椭圆在第一象限及其边界内的图形.然后利用椭圆的对称性,画出全部图形(图2-6).

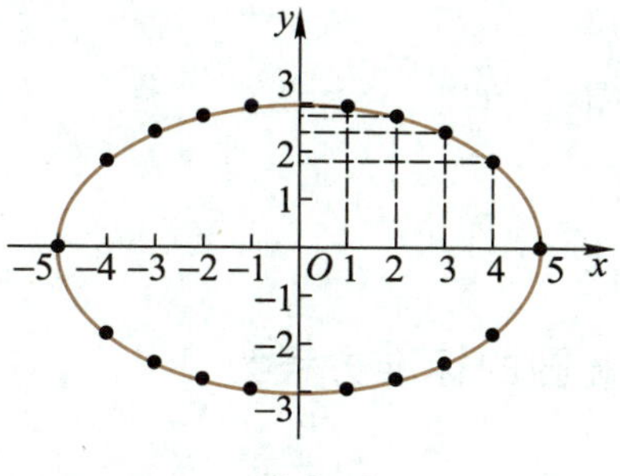

图 2-6

做一做

请指出椭圆 $\frac{y^2}{a^2}+\frac{x^2}{b^2}=1\ (a>b>0)$ 的范围、对称性、顶点、长轴、短轴及离心率.

例4 分别求适合下列条件的椭圆的标准方程:

(1) 经过点 $P(-3,0)$,$Q(0,-2)$;

(2) 长轴长为18,离心率为 $\frac{1}{3}$.

解 (1) 由于点 P,Q 在坐标轴上,并且以坐标轴为对称轴的椭圆与坐标轴的交点就是椭圆的顶点,故点 P,Q 分别是椭圆长轴和短轴的一个端点.于是

$$a=3,b=2.$$

由于椭圆的长轴在 x 轴上,故椭圆的焦点在 x 轴上.因此所求的椭圆标准方程为

$$\frac{x^2}{9}+\frac{y^2}{4}=1.$$

(2) 因为 $$2a=18,\quad e=\frac{c}{a}=\frac{1}{3},$$

所以 $$a=9,\quad c=3.$$

于是 $$b^2=a^2-c^2=81-9=72.$$

椭圆的焦点可能在 x 轴上,也可能在 y 轴上.因此,所求的椭圆方程为

$$\frac{x^2}{81}+\frac{y^2}{72}=1\quad 或\quad \frac{x^2}{72}+\frac{y^2}{81}=1.$$

说明

要注意椭圆的焦点与长轴始终在同一个坐标轴上.求椭圆的标准方程时,如果不能确定焦点的位置,要针对不同的情况,给出两种标准方程.

例5 已知一个椭圆形的油桶盖,其长轴的两端到同一个焦点的距离分别为40 cm和10 cm(图2-7).求椭圆的标准方程与两个焦点的坐标.

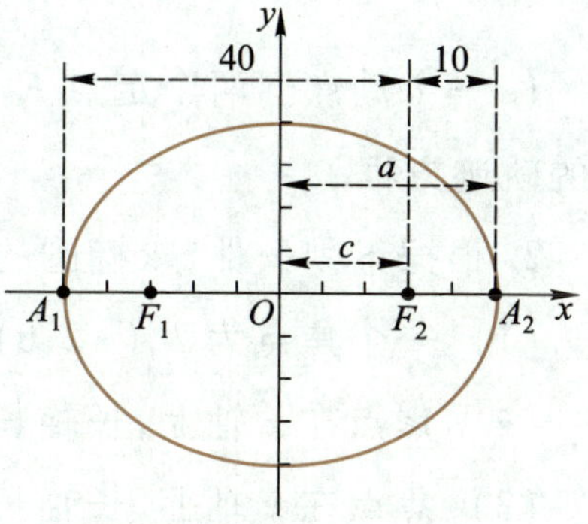

图 2-7

解 由已知得

$$|A_1F_2|=|A_1O|+|OF_2|=a+c,$$

$$|F_2A_2|=|OA_2|-|OF_2|=a-c.$$

于是有

$$\begin{cases}a+c=40,\\a-c=10,\end{cases}$$

解得

$$a=25,\quad c=15.$$

因此

$$b^2=a^2-c^2=25^2-15^2=400.$$

故椭圆的标准方程为

$$\frac{x^2}{625}+\frac{y^2}{400}=1.$$

焦点坐标为 $F_1(-15,0)$，$F_2(15,0)$.

练习 2.1.2

1. 求下列椭圆的长轴长、短轴长、焦距、离心率、焦点坐标和顶点坐标，并画出图形：

(1) $4x^2+9y^2=36$;　　(2) $4x^2+y^2=1$.

2. 求适合下列条件的椭圆的标准方程：

(1) $a=4,b=1$，焦点在 x 轴上；

(2) $a=4,c=\sqrt{15}$，焦点在 y 轴上；

(3) $e=0.8,c=4$.

习题 2.1

1. 一个动点到两个定点 $F_1(-\sqrt{3},0)$，$F_2(\sqrt{3},0)$ 的距离之和等于 4，求这个动点的轨迹方程.

2. 根据下列条件，求椭圆的标准方程：

(1) 一个焦点为 $F_1(-2,0)$，经过点 $B_1(0,-4)$；

(2) 焦点在 x 轴上，长轴长为 4，且过点 $P(1,1)$；

(3) 焦点在 x 轴上，长轴长为 12，焦距为 8；

(4) 一个焦点为 $F_1(-2\sqrt{3},0)$，长轴长与短轴长之和为 12；

(5) $c=2\sqrt{2}$, $e=\frac{1}{2}$.

3. 求下列椭圆的长轴长、短轴长、焦距、离心率、焦点坐标与顶点坐标，并画出图形：

(1) $\frac{x^2}{10}+\frac{y^2}{6}=1$；　　(2) $y^2=5-5x^2$.

4. 若 $\frac{x^2}{2m-1}+\frac{y^2}{3-m}=1$ 为椭圆方程，求 m 的取值范围.

5. 已知椭圆 $\frac{x^2}{25}+\frac{y^2}{16}=1$ 与 x 轴、y 轴的正半轴分别交于 A、B 两点，左焦点为 F_1，求 $\triangle ABF_1$ 的面积.

6. 设 F_1，F_2 为椭圆 $\frac{x^2}{25}+\frac{y^2}{9}=1$ 的两个焦点，P 为椭圆上的一点，求 $\triangle PF_1F_2$ 的周长.

7. 求以圆 $x^2+y^2-4x-8=0$ 的圆心为右焦点，长轴长为 8 的椭圆的标准方程.

8. 直线 $y=x+m$ 与椭圆 $\frac{x^2}{16}+\frac{y^2}{9}=1$ 相交，求 m 的取值范围.

9. 我国发射的第一颗人造地球卫星的预定运行轨道是以地球的中心 F_2 为一个焦点的椭圆，近地点 A 距离地球 441 km，远地点 B 距离地球 2 368 km，地球半径约为 6 371 km，求卫星运行轨道的方程（精确到 1 km）.

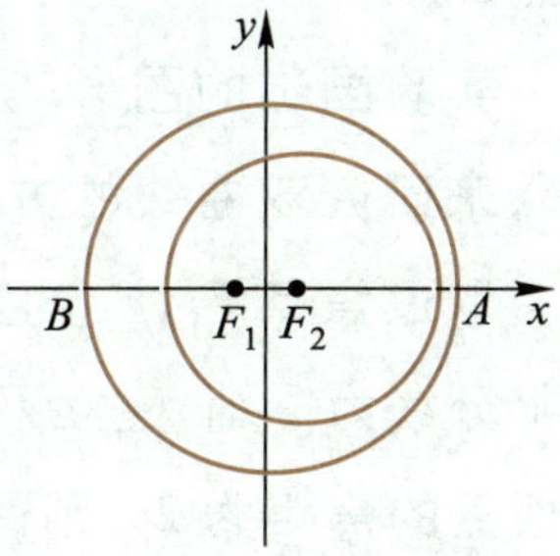

第 9 题图

2.2 双曲线

2.2.1 双曲线的定义与标准方程

先来做一个实验.

双曲线定义

取一条两边长度不等的拉链(图 2-8),将拉链的两边分别固定在两个定点 F_1,F_2(拉链两边的长度之差小于 F_1,F_2 的距离)上,把铅笔尖固定在拉链锁口处,慢慢拉开拉链,使铅笔尖慢慢移动,画出图形的一部分;再将拉链的两边交换位置分别固定在 F_2,F_1 处,用同样的方法可以画出图形的另一部分.

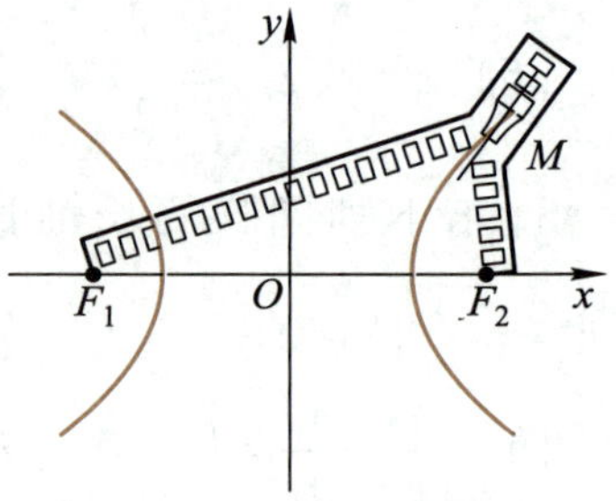

图 2-8

从实验中发现:笔尖(即点 M)在移动过程中,与两个定点 F_1,F_2 的距离之差的绝对值始终保持不变(等于拉链两边的长度之差).

平面内到两个定点 F_1,F_2 的距离之差的绝对值为常数(小于 $|F_1F_2|$)的点的轨迹(或集合)叫做**双曲线**. 这两个定点叫做双曲线的**焦点**,两个焦点间的距离叫做**焦距**.

实验画出的图形就是双曲线.下面根据实验的步骤来研究双曲线的方程.

取过焦点 F_1,F_2 的直线为 x 轴,线段 F_1F_2 的垂直平分线为 y 轴,建立平面直角坐标系(图 2-9),设双曲线的焦距为 $2c$,则两个焦点 F_1,F_2 的坐标分别为 $(-c,0),(c,0)$.

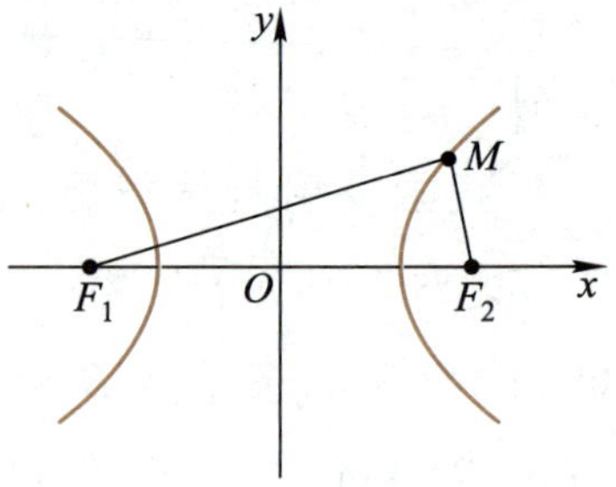

图 2-9

设 $M(x,y)$ 为双曲线上的任意一点,M 与两个焦点 F_1,F_2 的距离之差的绝对值为 $2a$,则

$$||MF_1|-|MF_2||=2a,$$

即

$$|MF_1|-|MF_2|=\pm 2a.$$

于是有

$$\sqrt{(x+c)^2+y^2}-\sqrt{(x-c)^2+y^2}=\pm 2a.$$

将上式化简(类似于求椭圆的方程),得

$$(c^2-a^2)x^2-a^2y^2=a^2(c^2-a^2).$$

由双曲线的定义知,$2c>2a$,即 $c>a$,因此 $c^2-a^2>0$.令 $c^2-a^2=b^2(b>0)$,则上式变为

$$b^2x^2-a^2y^2=a^2b^2.$$

两边同时除以 a^2b^2,得

$$\frac{x^2}{a^2}-\frac{y^2}{b^2}=1 \quad (a>0,b>0) \tag{2.3}$$

方程(2.3)叫做焦点在 x 轴上的双曲线的**标准方程**.它所表示的双曲线的焦点是 $F_1(-c,0)$,$F_2(c,0)$,并且 $b^2=c^2-a^2$.

如图 2-10 所示,如果取过焦点 F_1,F_2 的直线为 y 轴,线段 F_1F_2 的垂直平分线为 x 轴,建立平面直角坐标系,那么用类似的方法可以得到双曲线的方程

$$\frac{y^2}{a^2}-\frac{x^2}{b^2}=1 \quad (a>0,b>0) \tag{2.4}$$

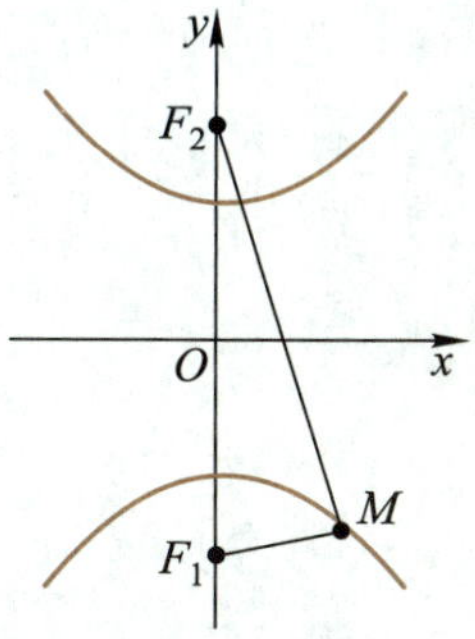

图 2-10

方程(2.4)叫做焦点在 y 轴上的双曲线的**标准方程**,焦点为 $F_1(0,-c)$,$F_2(0,c)$. 字母 a,b 意义同上,并且 $b^2=c^2-a^2$.

想一想

已知双曲线的标准方程,如何判定焦点在 x 轴还是在 y 轴?

例 1 已知双曲线的焦点在 x 轴上,且焦距为 14,双曲线上一点到两个焦点距离之差的绝对值等于 8,请写出双曲线的标准方程.

解 由已知得
$$2c=14,\quad 2a=8,$$
即
$$c=7,\quad a=4,$$
所以
$$b^2=c^2-a^2=33.$$

由于双曲线的焦点在 x 轴上,因此双曲线的标准方程为
$$\frac{x^2}{16}-\frac{y^2}{33}=1.$$

想一想

将"双曲线的焦点在 x 轴上"的条件去掉,其余的条件不变,你能求出双曲线的标准方程吗?

例 2 求下列双曲线的焦点坐标与焦距:

(1) $\dfrac{x^2}{144}-\dfrac{y^2}{25}=1$; (2) $y^2-x^2=4$.

分析 解题关键是判断双曲线的焦点在哪条坐标轴上.方法是观察标准方程中含 x 项与含 y 项系数的符号,如果含 x 项(或含 y 项)的系数为正数,那么焦点在 x 轴(或 y 轴)上,并且该项的分母为 a^2.

解 (1) 因为含 x 项的系数为正数,所以双曲线的焦点在 x 轴上,并且 $a^2=144$,$b^2=25$.故
$$c^2=a^2+b^2=144+25=169.$$
因此
$$c=13,\quad 2c=26.$$
所以,双曲线的焦点为 $F_1(-13,0)$,$F_2(13,0)$,焦距为 26.

(2) 将方程化成标准方程为

$$\frac{y^2}{4}-\frac{x^2}{4}=1.$$

因为含 y 项的系数为正数，所以双曲线的焦点在 y 轴上，并且 $a^2=4$，$b^2=4$. 故

$$c^2=a^2+b^2=8.$$

因此 $$c=2\sqrt{2},\quad 2c=4\sqrt{2}.$$

所以，双曲线的焦点为 $F_1(0,-2\sqrt{2})$，$F_2(0,2\sqrt{2})$，焦距为 $4\sqrt{2}$.

练习 2.2.1

1. 设动点 M 到两个定点 $F_1(-\sqrt{13},0)$，$F_2(\sqrt{13},0)$ 的距离之差等于 4，求动点 M 轨迹的方程.

2. 求满足下列条件的双曲线的标准方程：

(1) $a=12$，焦点为 $F_1(-13,0)$，$F_2(13,0)$；

(2) $b=3$，焦点为 $F_1(0,-3\sqrt{3})$，$F_2(0,3\sqrt{3})$.

3. 求下列双曲线的焦点坐标和焦距：

(1) $\frac{x^2}{7}-\frac{y^2}{9}=1$；　　(2) $\frac{y^2}{25}-\frac{x^2}{4}=1$.

2.2.2 双曲线的性质

我们采用与研究椭圆的性质相类似的方法，根据双曲线的标准方程

$$\frac{x^2}{a^2}-\frac{y^2}{b^2}=1\quad(a>0,b>0)$$

来研究双曲线的性质.

1. 范围

因为 $\frac{y^2}{b^2}\geqslant 0$，所以由双曲线的标准方程知道，双曲线上的点的横坐标满足 $\frac{x^2}{a^2}\geqslant 1$，即 $x^2\geqslant a^2$. 于是有

$$x \leqslant -a \text{ 或 } x \geqslant a.$$

这说明双曲线位于直线 $x=-a$ 的左侧与直线 $x=a$ 的右侧（图 2-11）.

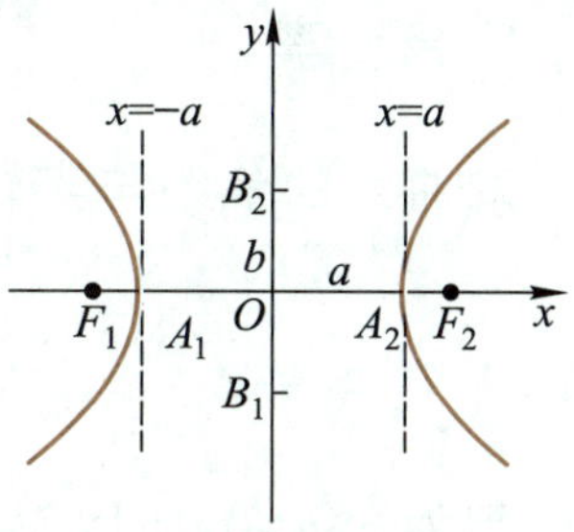

图 2-11

2. 对称性

在双曲线的标准方程中，将 y 换成 $-y$，方程依然成立. 这说明双曲线关于 x 轴对称.

同理可知，双曲线关于 y 轴对称，也关于坐标原点对称. x 轴与 y 轴都叫做**双曲线的对称轴**，坐标原点叫做双曲线的**对称中心**（简称**中心**）.

3. 顶点

在双曲线的标准方程中，令 $y=0$，得到 $x=\pm a$. 因此，双曲线与 x 轴有两个交点 $A_1(-a,0)$ 和 $A_2(a,0)$（图 2-11）.

双曲线和它的对称轴的交点叫做双曲线的**顶点**. 因此 $A_1(-a,0)$ 和 $A_2(a,0)$ 是双曲线的顶点.

令 $x=0$，得到 $y^2=-b^2$，这个方程没有实数解，说明双曲线和 y 轴没有交点. 但是，我们也将点 $B_1(0,-b)$ 与 $B_2(0,b)$ 画出来（图 2-11）.

线段 A_1A_2，B_1B_2 分别叫做双曲线的**实轴**和**虚轴**，它们的长分别为 $2a$ 和 $2b$. a 和 b 分别表示双曲线的**半实轴长**和**半虚轴长**.

4. 渐近线

经过 A_1，A_2 分别作 y 轴的平行线 $x=-a$，$x=a$，经过 B_1，B_2 分别作 x 轴的平行线 $y=-b$，$y=b$. 这四条直线围成一个矩形（图 2-12）. 矩形的两条对角线所在的方程为

$$y=\pm\frac{b}{a}x.$$

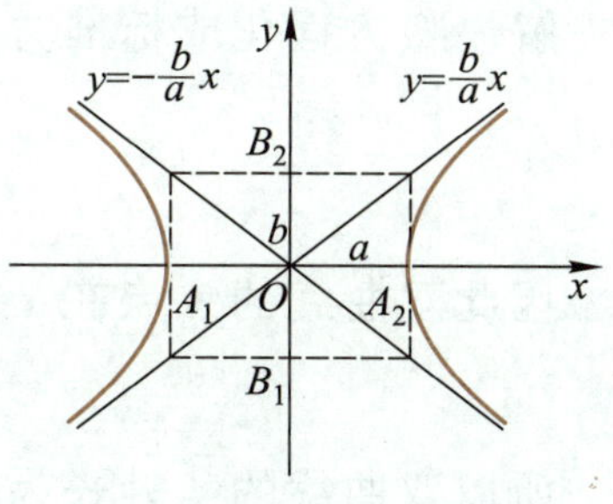

图 2-12

说明

实轴与虚轴等长的双曲线叫做等轴双曲线.

双曲线的标准方程可以写成

$$y=\pm\frac{b}{a}\sqrt{x^2-a^2}=\pm\frac{b}{a}x\sqrt{1-\frac{a^2}{x^2}}.$$

可以看到，当 $|x|$ 无限增大时，y 的值无限接近于 $\pm\frac{b}{a}x$ 的值. 这说明当 $|x|$ 无限增大时，双曲线与两条直线 $y=\pm\frac{b}{a}x$ 无限接近（但不能相交）. 因此，两条直线 $y=\pm\frac{b}{a}x$ 叫做双曲线的**渐近线**.

5. 离心率

双曲线的焦距与实轴长的比 $\frac{2c}{2a}=\frac{c}{a}$ 叫做双曲线的离心率，记作 e. 即

$$e=\frac{c}{a}.$$

因为 $c>a>0$，所以双曲线的离心率 $e>1$.

由

$$\frac{b}{a}=\frac{\sqrt{c^2-a^2}}{a}=\sqrt{\frac{c^2}{a^2}-1}=\sqrt{e^2-1}$$

可以看到，e 越大，$\frac{b}{a}$ 的值越大，即渐近线 $y=\pm\frac{b}{a}x$ 的斜率的绝对值越大，这时双曲线的“张口”就越大(图 2-12). 因此，离心率 e 的值可以刻画出双曲线“张口”的大小.

双曲线离心率

想一想

等轴双曲线的离心率是多少?

例 3 求双曲线 $9x^2-16y^2=144$ 的实轴长、虚轴长、焦点坐标、顶点坐标、离心率与渐近线方程，并用“描点法”画出图形.

解 将方程化成标准方程为

$$\frac{x^2}{16}-\frac{y^2}{9}=1.$$

因此双曲线的焦点在 x 轴上，且 $a^2=16, b^2=9, c^2=a^2+b^2=25$. 故

$$a=4,\quad b=3,\quad c=5.$$

所以双曲线的实轴长为 8，虚轴长为 6，焦点为 $F_1(-5,0)$，$F_2(5,0)$，顶点为 $A_1(-4,0)$，$A_2(4,0)$，离心率为

$$e=\frac{c}{a}=\frac{5}{4},$$

渐近线方程为

$$y=\pm\frac{3}{4}x.$$

可以先画出双曲线在第一象限内的图形，然后再利用双曲线的对称性，画出全部图形.

双曲线方程在第一象限可以变形为

$$y=\frac{3}{4}\sqrt{x^2-16}.$$

在区间[4,+∞)内,选出几个 x 的值,计算出对应的 y 值.列表:

x	4	5	6	7	8
y	0	2.25	3.35	4.31	5.20

以表中的 x 值为横坐标,对应的 y 值为纵坐标,在直角坐标系中依次描出相应的点 (x,y),用光滑的曲线顺次连接各点得到双曲线在第一象限内的图形.然后利用对称性,画出全部图形(图 2-13).

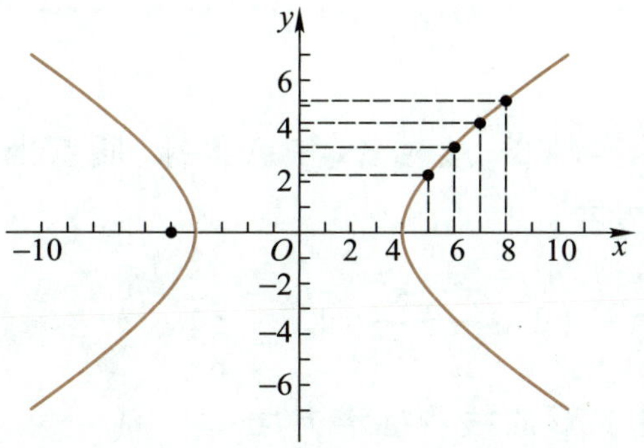

图 2-13

说明

画双曲线的草图时,可以首先确定顶点,再画出双曲线的渐近线,然后根据双曲线与其渐近线逐渐接近的特点画出图形.

例 4 已知双曲线的一个焦点为(6,0),渐近线方程为 $y=\pm\frac{2\sqrt{5}}{5}x$,求双曲线的标准方程.

解 由已知条件知双曲线的焦点在 x 轴上.所以有

$$\begin{cases} a^2+b^2=36, \\ \frac{b}{a}=\frac{2\sqrt{5}}{5}. \end{cases}$$

解得

$$a=2\sqrt{5},\quad b=4.$$

故所求的双曲线方程为

$$\frac{x^2}{20}-\frac{y^2}{16}=1.$$

注意

想一想为什么不能由渐近线方程 $y=\pm\frac{2\sqrt{5}}{5}x$ 直接得到 $a=5$, $b=2\sqrt{5}$?

例 5 已知双曲线的两个顶点坐标为(0,−4),(0,4),离心率为 $\frac{3}{2}$,求双曲线的标准方程及其渐近线方程.

解 由已知条件知 $a=4$, $e=\frac{3}{2}$,焦点在 y 轴上.因此

$$c=ae=4\times\frac{3}{2}=6.$$

故 $$b^2=c^2-a^2=36-16=20.$$

因此双曲线的标准方程为

$$\frac{y^2}{16}-\frac{x^2}{20}=1.$$

双曲线的渐近线方程为

$$y=\pm\frac{4}{2\sqrt{5}}x,\quad 即\ 2x\pm\sqrt{5}y=0.$$

做一做

请指出双曲线 $\frac{y^2}{a^2}-\frac{x^2}{b^2}=1(a>0,b>0)$ 的范围、对称性、顶点、渐近线、实轴、虚轴及离心率.

练习 2.2.2

1. 求下列双曲线的实轴长、虚轴长、焦点坐标、顶点坐标、离心率与渐近线方程,并用"描点法"画出图形.

(1) $x^2-8y^2=32$;　(2) $\frac{y^2}{9}-\frac{x^2}{16}=1$.

2. 求适合下列条件的双曲线的标准方程:

(1) 半实轴长为 4,半虚轴长为 3;

(2) 实轴长为 12,焦距为 14,焦点在 y 轴上;

(3) 渐近线方程为 $y=\pm\frac{3}{5}x$,焦点坐标为 $(\pm\sqrt{2},0)$.

习题 2.2

1. 求下列双曲线的实轴长、虚轴长、焦点坐标、顶点坐标、离心率与渐近线方程,并用"描点法"画出图形.

(1) $9x^2-y^2=81$;　(2) $9x^2-y^2=-81$;　(3) $\frac{y^2}{2}-\frac{x^2}{4}=1$.

2. 求适合下列条件的双曲线的标准方程:

(1) $a=2\sqrt{5}$,过点 $A(-5,2)$,焦点在 x 轴上;

(2) $b=1$,焦点为 $(0,\pm\sqrt{10})$;

(3) 一个焦点为 $(-5,0)$,且离心率为 $\frac{5}{4}$.

3. 求渐近线为 $y=\pm\frac{2}{3}x$,经过点 $M\left(\frac{9}{2},-1\right)$ 的双曲线的标准方程.

4. 已知 F_1,F_2 是双曲线 $\frac{x^2}{25}-\frac{y^2}{9}=1$ 的两个焦点,点 P 的坐标为 $(0,1)$,求

$\triangle PF_1F_2$ 的面积.

5. 设点 $P(6,m)$ 为双曲线 $\frac{x^2}{9}-\frac{y^2}{16}=1$ 上的点,求点 P 到双曲线右焦点的距离.

6. 设方程 $\frac{x^2}{m-1}+\frac{y^2}{m+3}=1$ 表示双曲线,求 m 的取值范围.

7. 求与双曲线 $\frac{x^2}{16}-\frac{y^2}{4}=1$ 有公共的焦点,且过点 $(3\sqrt{2},2)$ 的双曲线的标准方程.

2.3 抛物线

2.3.1 抛物线的定义与标准方程

大家知道,一元二次函数的图像是抛物线.现在我们从点的运动轨迹的角度来研究抛物线.

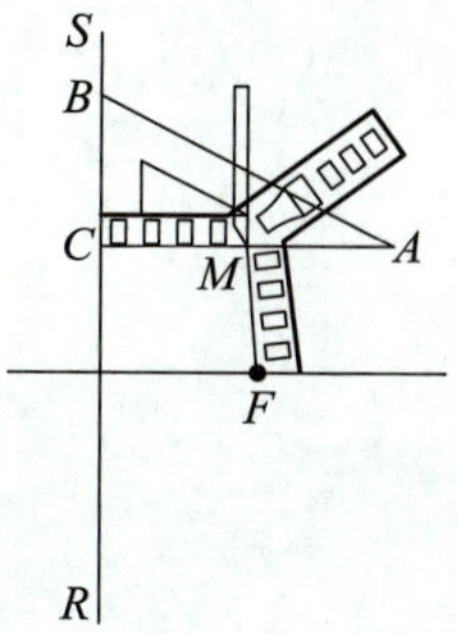

图 2-14

先来做一个实验.

如图 2-14 所示,将拉链的一端固定在三角板的 AC 边顶点 C 处,另一端固定在 F 点,三角板的直角边 BC 沿着直线 RS 滑动,笔尖放在点 M 处,图中的点 M 在曲线上滑动,随着三角板上移,笔尖向右移动,画出一部分曲线.调换三角板位置再画出另一部分曲线.这样就画出了一条抛物线.

从画图的过程中可以看到,笔尖(即点 M)在移动过程中,始终保持到顶点 F 的距离与到定直线 RS 的距离相等.

抛物线形成动画演示

一般地,平面内与一个定点 F 和一条定直线 l 的距离相等的点的轨迹(或集合)叫做抛物线.定点 F 叫做抛物线的**焦点**,定直线 l 为抛物线的**准线**.

下面研究抛物线的标准方程.

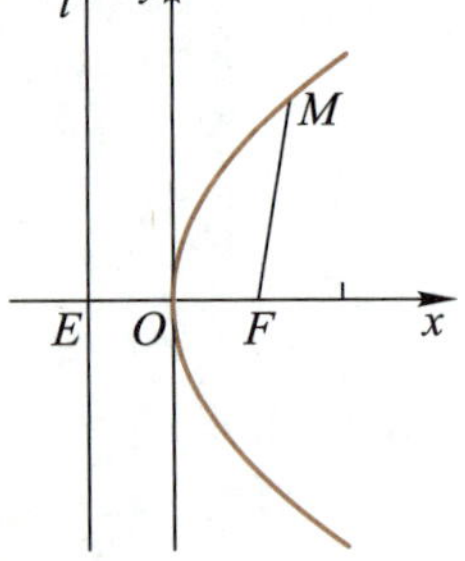

图 2-15

取过焦点 F,且垂直于准线 l 的直线为 x 轴,x 轴与 l 相交于点 E,以线段 EF 的垂直平分线为 y 轴建立直角坐标系(图 2-15).

设焦点到准线的距离为 $p(p>0)$,即 $|EF|=p$,则焦点 F 的坐标为 $\left(\frac{p}{2},0\right)$,准线 l 的方程为 $x=-\frac{p}{2}$.

设 $M(x,y)$ 为抛物线上的任意一点,点 M 到 l 的距离为 d,则

$$|MF|=d,$$

所以

$$\sqrt{\left(x-\frac{p}{2}\right)^2+y^2}=\left|x+\frac{p}{2}\right|.$$

将上式两边平方,得

$$\left(x-\frac{p}{2}\right)^2+y^2=\left(x+\frac{p}{2}\right)^2,$$

展开并整理,得

$$y^2=2px \quad (p>0) \tag{2.5}$$

方程(2.5)叫做**抛物线的标准方程**.其中 $p>0$.它表示的抛物线的焦点在 x 的正半轴上,焦点坐标为 $\left(\frac{p}{2},0\right)$,准线方程为 $x=-\frac{p}{2}$.

用同样的方法可以得到抛物线的另外三种形式的标准方程.下面将四种形式的抛物线的图形、标准方程、焦点坐标和准线方程列表如下表所示.

图形	标准方程	焦点坐标	准线方程
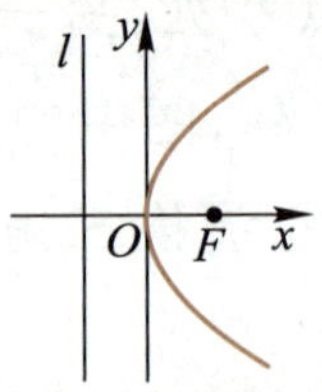	$y^2=2px$ $(p>0)$	$\left(\frac{p}{2},0\right)$	$x=-\frac{p}{2}$
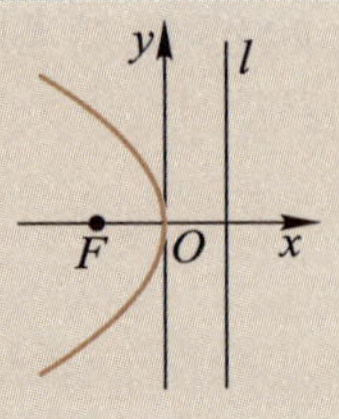	$y^2=-2px$ $(p>0)$	$\left(-\frac{p}{2},0\right)$	$x=\frac{p}{2}$

续表

图形	标准方程	焦点坐标	准线方程
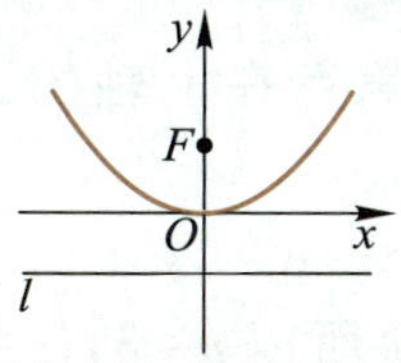	$x^2=2py$ $(p>0)$	$\left(0,\dfrac{p}{2}\right)$	$y=-\dfrac{p}{2}$
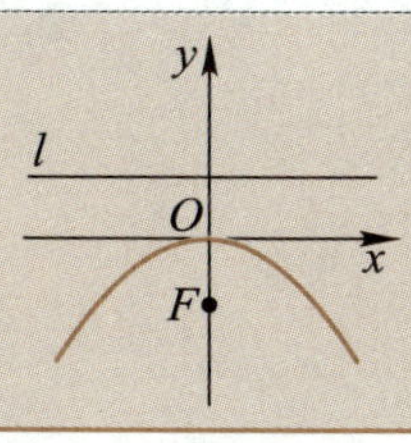	$x^2=-2py$ $(p>0)$	$\left(0,-\dfrac{p}{2}\right)$	$y=\dfrac{p}{2}$

本章内只研究表中的这四种抛物线标准方程.

例 1 根据下列条件求抛物线的标准方程:

(1) 焦点在 x 轴的正半轴上,并且 $p=5$;

(2) 焦点为 $F(0,-2)$;

(3) 准线方程为 $x=\dfrac{1}{2}$.

解 (1) 由于焦点在 x 轴的正半轴上,并且 $p=5$,故抛物线的标准方程为

$$y^2=10x.$$

(2) 由于焦点在 y 轴的负半轴上,并且

$$-\frac{p}{2}=-2,$$

即

$$p=4.$$

故抛物线的标准方程为

$$x^2=-8y.$$

(3) 由准线方程为 $x=\dfrac{1}{2}$ 知,焦点在 x 轴的负半轴上,并且

$$\frac{p}{2}=\frac{1}{2},$$

即

$$p=1.$$

故抛物线的标准方程为

$$y^2=-2x.$$

例 2 求下列抛物线的焦点坐标和准线方程:

(1) $y^2=16x$; (2) $x^2+y=0$.

说明

一元二次函数 $y=ax^2$ 可以变形为 $x^2=\dfrac{1}{a}y$,化成抛物线的标准方程,而一元二次函数 $y=ax^2+bx+c$ 的图像可以由函数 $y=ax^2$ 通过平移得到.因为平移并不改变图形的形状和大小,所以二次函数的图形仍然是抛物线.

分析 解题关键是判断焦点的位置.方法是:观察抛物线的标准方程中的一次项.如果一次项含变量 x,并且系数为正(或为负),则焦点在 x 轴的正半轴(或负半轴)上;如果一次项含变量 y,并且系数为正(或为负),则焦点在 y 轴的正半轴(或负半轴)上.

解 (1) 抛物线的焦点在 x 轴的正半轴上,并且 $2p=16$,所以 $p=8$,$\frac{p}{2}=4$.

故焦点坐标为(4,0),准线方程为 $x=-4$.

(2) 将方程化成标准方程为

$$x^2=-y.$$

抛物线的焦点在 y 轴的负半轴上,并且 $-2p=-1$,所以 $p=\frac{1}{2}$,$\frac{p}{2}=\frac{1}{4}$.

故焦点坐标为$\left(0,-\frac{1}{4}\right)$,准线方程为 $y=\frac{1}{4}$.

练习 2.3.1

1. 根据下列条件,求抛物线的标准方程:

(1) 焦点为 $F(3,0)$;

(2) 焦点为 $F(0,-4)$;

(3) 准线方程为 $x=\frac{1}{4}$;

(4) 准线方程为 $y=-2$.

2. 求下列抛物线的焦点坐标和准线方程:

(1) $y^2=20x$;　　(2) $x^2=\frac{1}{2}y$;

(3) $2y^2+5x=0$;　　(4) $x^2+28y=0$.

2.3.2 抛物线的性质

下面根据方程

$$y^2=2px \quad (p>0)$$

来研究抛物线的性质.

1. 范围

在标准方程 $y^2=2px$ 中,因为 $p>0$,$y^2\geqslant 0$,所以抛物线上点的横坐标,都满足 $x\geqslant 0$.于是,抛物线在 y 轴的右侧(如图 2-15),并且当 x 的值增大时,$|y|$ 也增大.这说明抛物线向右上方和右下方无限延伸.

2. 对称性

在标准方程中,将 y 换成 $-y$,方程依然成立.这说明抛物线关于 x 轴对称.抛物线的对称轴叫做**抛物线的轴**.

3. 顶点

抛物线与它的轴的交点叫做**抛物线的顶点**.在抛物线的标准方程中,令 $y=0$,得 $x=0$.因此,抛物线的顶点为坐标原点.

4. 抛物线上的点 M 与焦点的距离与点 M 到准线的距离的比叫做抛物线的**离心率**.记作 e.由抛物线的定义知 $e=1$.

做一做

按照类似的方法研究其他三种标准方程对应的抛物线的性质.

例 3 已知抛物线关于 x 轴对称,顶点在坐标原点,并且经过点 $M(2,-2\sqrt{2})$.求抛物线的标准方程,并利用"描点法"画出图形.

解 由于点为第四象限的点 $M(2,-2\sqrt{2})$,且抛物线关于 x 轴对称,顶点在坐标原点,故抛物线的焦点在 x 轴的正半轴上.设其方程为

$$y^2=2px\,(p>0).$$

将点 $M(2,-2\sqrt{2})$ 的坐标代入方程,得

$$(-2\sqrt{2})^2=2p\cdot 2,$$

解得

$$p=2.$$

故抛物线的标准方程为

$$y^2=4x.$$

可以先画出抛物线在第一象限内的图形,然后利用抛物线的对称性,再画出全部图形.

在第一象限内抛物线的方程可以变形为

$$y=2\sqrt{x}.$$

在 $[0,+\infty)$ 内,选出几个 x 的值,计算出对应的 y 值.列表:

x	0	1	2	3	4	…
y	0	2	2.8	3.5	4	…

以表中的 x 值为横坐标，对应的 y 值为纵坐标，在直角坐标系中依次描出相应的点 (x,y)，用光滑的曲线顺次连接各点得到抛物线在第一象限内的图形.然后利用对称性，画出全部图形(图 2-16).

例 4 已知抛物线的顶点为原点，对称轴为坐标轴，并且经过点 $M(-5,-10)$，求抛物线的标准方程.

分析 点 $M(-5,-10)$ 在第三象限.由于题中没有明确指出对称轴是 x 轴还是 y 轴，因此有两种情况(图 2-17).

解 设所求抛物线的标准方程为

$$y^2=-2p_1x \text{ 或 } x^2=-2p_2y,$$

将点 M 的坐标分别代入方程，得

$$(-10)^2=-2p_1(-5) \text{ 或 } (-5)^2=-2p_2(-10),$$

解得 $$p_1=10 \quad \text{或} \quad p_2=\frac{5}{4}.$$

故抛物线的标准方程为 $$y^2=-20x \quad \text{或} \quad x^2=-\frac{5}{2}y.$$

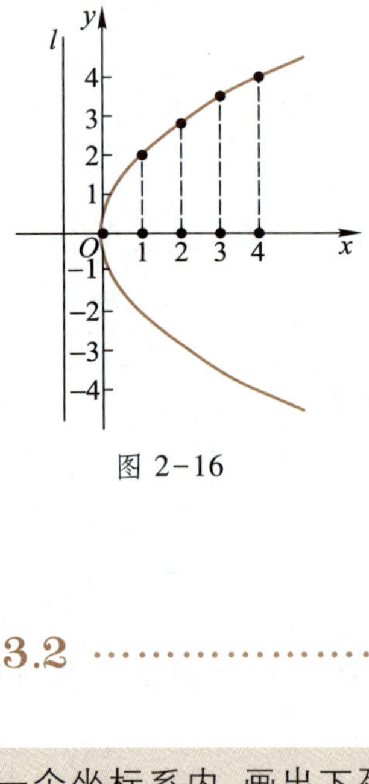

图 2-16

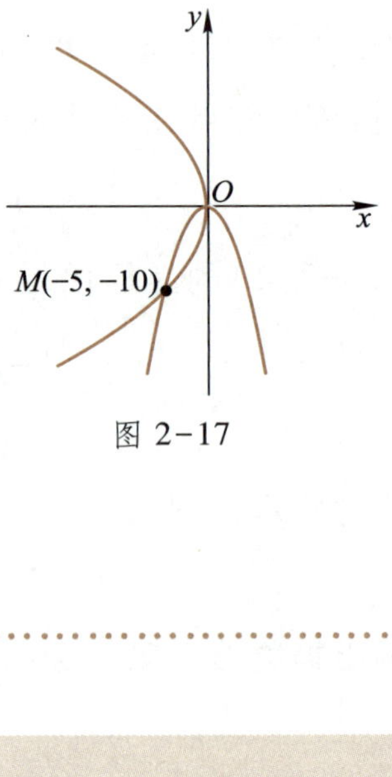

图 2-17

练习 2.3.2

1. 在同一个坐标系内，画出下列抛物线：

(1) $y^2=\frac{1}{2}x$； (2) $y^2=x$； (3) $y^2=2x$； (4) $y^2=4x$.

2. 已知两条抛物线的焦点坐标分别为 $(2,0)$ 与 $(0,2)$，求这两条抛物线的交点的坐标.

3. 已知抛物线的顶点为坐标原点，焦点在 y 轴上，抛物线上一点 $M(a,-3)$ 到焦点的距离为 5，求抛物线的标准方程.

习题 2.3

1. 求下列抛物线的焦点坐标和准线方程：

(1) $x^2=2y$；　　(2) $4x^2+3y=0$；

(3) $2y^2+5x=0$；　　(4) $y^2-6x=0$.

2. 根据下列条件，求抛物线的标准方程：

(1) 焦点为 $F(-7,0)$；

(2) 准线为 $y=4$；

(3) 对称轴为 x 轴，顶点到焦点的距离为 6；

(4) 对称轴为 y 轴，经过点 $P(-6,-3)$；

(5) 对称轴为坐标轴，经过点 $P(1,2)$.

3. 已知抛物线的顶点为原点，焦点在 x 轴上，抛物线上一点 $A(-3,m)$ 到焦点的距离为 7，求抛物线的标准方程.

4. 垂直于 x 轴的直线交抛物线 $y^2=4x$ 于 A、B 两点，且 $|AB|=2\sqrt{3}$，求直线 AB 的方程.

5. 如图所示. 吊车的鱼腹部分 AOB 是一段抛物线，宽为 7 m，高为 0.7 m，求这条抛物线的方程.

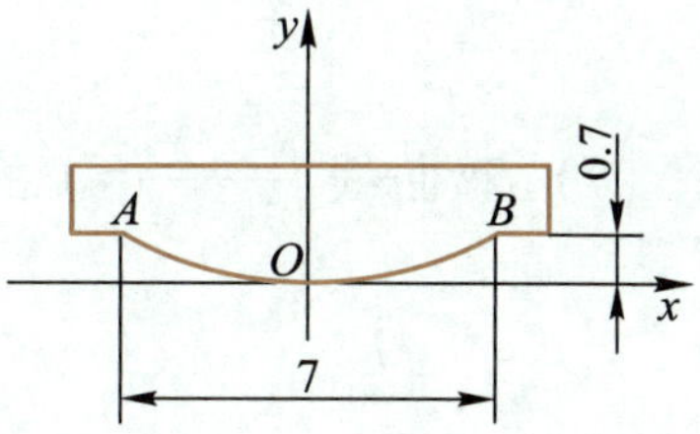

第 5 题图

6. 已知抛物线的顶点是双曲线 $16x^2-9y^2=144$ 的中心，而焦点是双曲线的右顶点，求抛物线的标准方程.

复习题 2

1. 选择题

(1) 椭圆 $\frac{x^2}{3}+\frac{y^2}{4}=1$ 的焦距为(　　).

A. 4　　B. 3　　C. 1　　D. 2

(2) 到点$(-3,0)$与点$(3,0)$距离之和为 10 的点的轨迹方程为(　　).

A. $\frac{x^2}{25}+\frac{y^2}{16}=1$　　B. $\frac{x^2}{25}+\frac{y^2}{9}=1$

C. $\frac{x^2}{16}+\frac{y^2}{25}=1$　　D. $\frac{x^2}{9}+\frac{y^2}{25}=1$

(3) 焦点在 x 轴上,实轴长为 8,虚轴长为 2 的双曲线的标准方程为(　　).

A. $\frac{y^2}{16}-x^2=1$　　B. $\frac{y^2}{64}-\frac{x^2}{4}=1$

C. $\frac{x^2}{16}-y^2=1$　　D. $\frac{x^2}{64}-\frac{y^2}{4}=1$

(4) 顶点为原点,焦点为 $F(-3,0)$ 的抛物线的标准方程为(　　).

A. $y^2=-12x$　　B. $y^2=12x$

C. $x^2=12y$　　D. $x^2=-12y$

(5) 顶点为原点,准线为 $x=-1$ 的抛物线的标准方程为(　　).

A. $y^2=4x$　　B. $y^2=-4x$

C. $y^2=-2x$　　D. $x^2=-4y$

(6) 双曲线 $\frac{x^2}{9}-\frac{y^2}{16}=1$ 的渐近线方程为(　　).

A. $y=\pm\frac{16}{9}x$　　B. $y=\pm\frac{9}{16}x$

C. $y=\pm\frac{4}{3}x$　　D. $y=\pm\frac{3}{4}x$

(7) 双曲线 $\frac{x^2}{7}-\frac{y^2}{9}=1$ 的离心率为(　　).

A. $\frac{\sqrt{7}}{4}$　　B. $\frac{7}{4}$

C. $\frac{4\sqrt{7}}{7}$　　D. $\frac{4}{3}$

(8) 抛物线 $y^2=x$ 的焦点坐标为(　　).

A. $(1,0)$　　B. $\left(\frac{1}{4},0\right)$

C. $\left(0,\frac{1}{4}\right)$　　D. $(0,1)$

(9) 经过点 $P(-2\sqrt{2},0)$ 与点 $Q(0,\sqrt{5})$ 的椭圆的标准方程为(　　).

A. $\frac{x^2}{8}+\frac{y^2}{5}=1$　　B. $\frac{x^2}{5}+\frac{y^2}{8}=1$

C. $\frac{x^2}{64}+\frac{y^2}{25}=1$　　D. $\frac{x^2}{25}+\frac{y^2}{64}=1$

(10) 设方程 $x^2+ky^2=2$ 表示焦点在 y 轴上的椭圆,则实数 k 的取值范围为(　　).

A. $(0,1)$　　B. $(0,2)$

C. $(0,+\infty)$　　D. $(1,+\infty)$

2. 填空题

(1) 椭圆 $\frac{x^2}{64}+\frac{y^2}{25}=1$ 的离心率为________,顶点坐标为________.

(2) 半实轴长为 4,焦点在 y 轴上,焦距为 10 的双曲线标准方程为________.

(3) 双曲线$\frac{y^2}{9}-\frac{x^2}{18}=1$ 的焦点坐标为________,实轴长为________,虚轴长为________.

(4) 椭圆 $3x^2+5y^2=15$ 的焦点坐标为________,长轴长为________,短轴长为________.

(5) 抛物线 $x^2=-\frac{1}{2}y$ 的准线方程为________.

(6) 设椭圆$\frac{x^2}{m}+\frac{y^2}{4}=1$ 经过点$(-2,\sqrt{3})$,则椭圆的焦距为________.

3. 已知抛物线的顶点为原点,焦点在 y 轴上,抛物线上一点 $P(m,-3)$ 到准线的距离为 9.求抛物线的标准方程及实数 m 的值.

4. 求对称轴为 x 轴,且过点$(-3,2)$的抛物线的标准方程.

5. 求 $2y^2-3x=0$ 的焦点坐标和准线方程.

6. 已知双曲线的中心在原点,焦点在 x 轴上,并且经过点 $A\left(\frac{15}{4},3\right)$.一条渐近线方程为 $4x+3y=0$.求双曲线的标准方程.

7. 求焦点是椭圆$\frac{x^2}{4}+\frac{y^2}{3}=1$ 的左焦点的抛物线的标准方程.

8. 设椭圆的焦点为 $F_1(-5,0)$,$F_2(5,0)$,椭圆上的点 M 与两个焦点所构成的三角形的周长为 32,求椭圆的标准方程,并作出图形.

9. 一个圆的圆心在椭圆 $16x^2+25y^2=400$ 的右焦点上,并且过椭圆在 y 轴上的顶点,求圆的方程.

10. 图中是抛物线形拱桥，拱顶离水面 2 m，水面宽 4 m，问水下降 1 m 后水面的宽是多少？

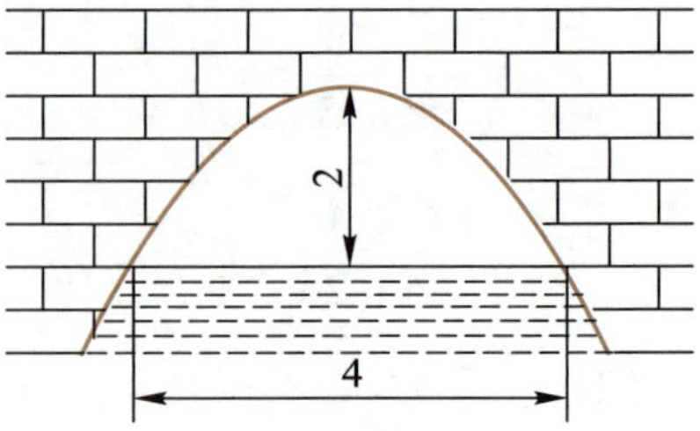

第 10 题图

11. 已知双曲线的标准方程为$\frac{x^2}{4}-\frac{y^2}{5}=1$.

（1）写出双曲线的焦点坐标、顶点坐标及渐近线方程；

（2）求双曲线焦点到渐近线的距离；

（3）写出以双曲线焦点为顶点、双曲线的顶点为焦点的椭圆的标准方程.

12. 已知椭圆$\frac{x^2}{8}+\frac{y^2}{m}=1$的焦点 F_1 和 F_2 都在 x 轴上，离心率为$\frac{1}{2}$.

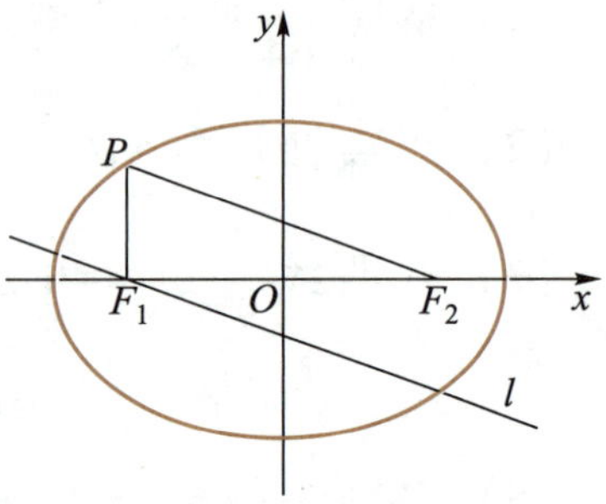

第 12 题图

（1）求椭圆的标准方程；

（2）求以椭圆的焦点为顶点，椭圆的顶点为焦点的双曲线的标准方程；

（3）如图所示，P 为椭圆上一点，PF_1 垂直于 x 轴，直线 l 经过焦点 F_1 且与直线 PF_2 平行，求直线 l 的方程.

数学实验 2　利用高级计算器绘制函数图像

实验目的

1. 介绍高级计算器的函数图像绘制功能；
2. 利用高级计算器作参数方程的图像.

实验内容

在高级计算器中，点击“绘图”选项卡计算器便进入绘图功能. 有“方程和函数”“数据集”“参数”“不等式”四种输入网格供作图使用.本实验主要介绍输入网格“方程和函数”与“参数”的使用.

选择输入网格“方程和函数”作图

利用该选项可以方便地作出一元函数的图像，特别是对于以方程 $f(x,y)=0$ 形式给出的函数，作图时无需经过变形求出解析式，可以直接输入作图，非常便捷.

作函数图像的常规步骤是：

（1）单击“绘图”选项卡；

（2）展开相应的输入网格“方程与函数”或“方程”；

（3）在“尺寸”列表中，单击“二维”；

（4）在“坐标”列表中，单击“笛卡儿坐标”；

（5）输入要绘制的表达式；

（6）单击“图形”.

例 1　作函数 $y=2\sin\left(2x-\frac{\pi}{3}\right)$ 的图像.

操作

（1）打开高级计算器，在功能选项中，将默认的“度”改为“弧度”. 单击选项卡“绘图”，选择方程与函数中的“二维”“笛卡儿坐标”；

（2）点击对话框 1，在弹出的对话框中输入 $y=2\sin\left(2x-\frac{\pi}{3}\right)$，然后单击“输入”；

（3）单击“图形”，得到函数 $y=2\sin\left(2x-\frac{\pi}{3}\right)$ 的图像（图 2-18）.

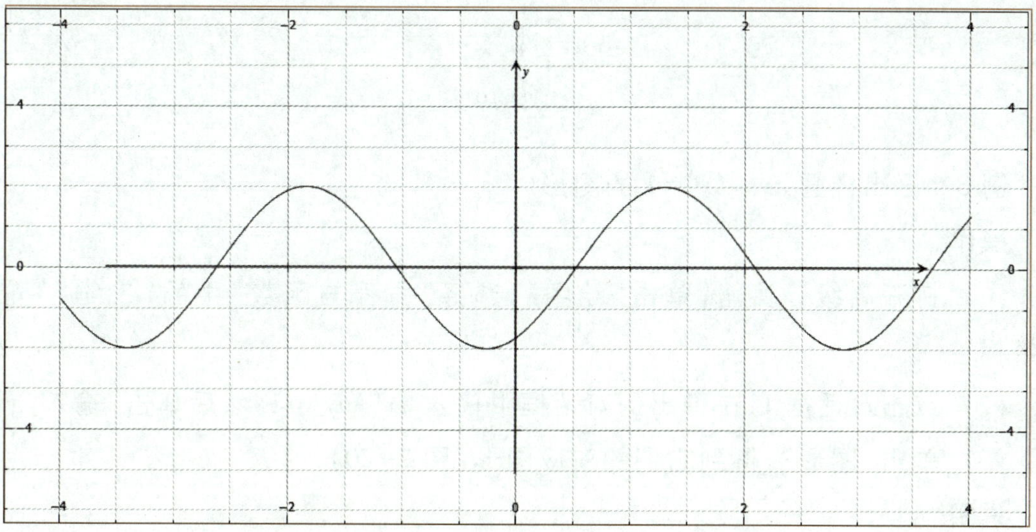

图 2-18

说明

（1）显示的图像上下并不完整，可以在功能选项中，将 y 轴单位缩小，使得图像比较完整.

（2）可以选择“隐藏外框”及“隐藏网格线”对图形进行调整，请同学们自己尝试并观察图形的变化.

例 2 在同一坐标平面画出椭圆 $x^2+2y^2=1$ 与抛物线 $y^2=3x$ 的图形.

操作

（1）打开高级计算器，单击“绘图”，选择“方程与函数”中的“二维”“笛卡儿坐标”；

（2）点击对话框 1，在弹出的对话框中输入 $x^2+2y^2=1$；点击对话框 2，在弹出的对话框中输入 $y^2=3x$，然后单击“输入”；

（3）单击“图形”，得到它们的对应图形（图 2-19）.

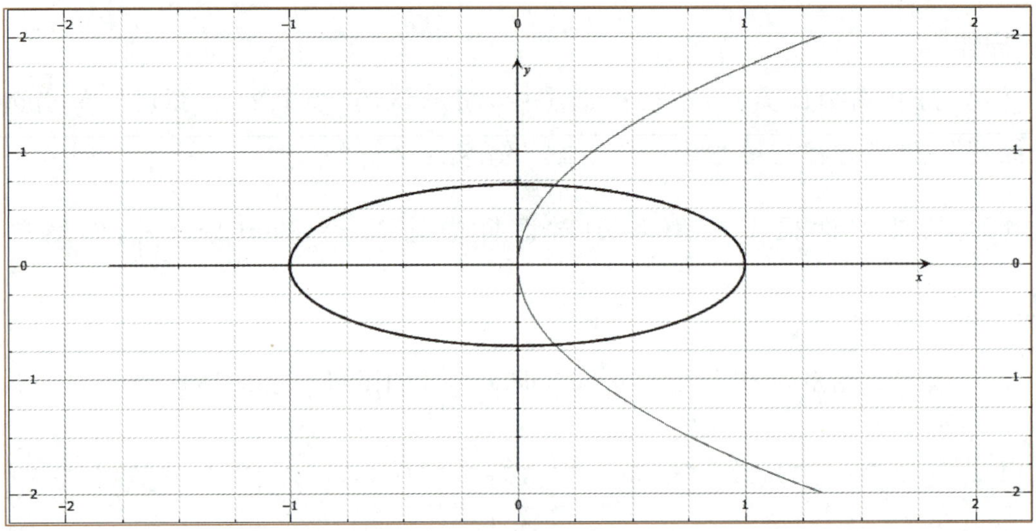

图 2-19

例 3 画出椭圆 $ax^2+by^2=1$ 的图形.

操作

（1）打开高级计算器，单击“绘图”，选择“方程与函数”中的“二维”“笛卡儿坐标”；

（2）点击对话框 1，在弹出的对话框中输入 $ax^2+by^2=1$；然后单击“输入”；

（3）单击“图形”，得到它们的对应图形（图 2-20）.

例 3 操作演示

说明

（1）点击“图形控件”中“循迹”右边的图标 ▸，显示曲线上面动点的坐标变化；

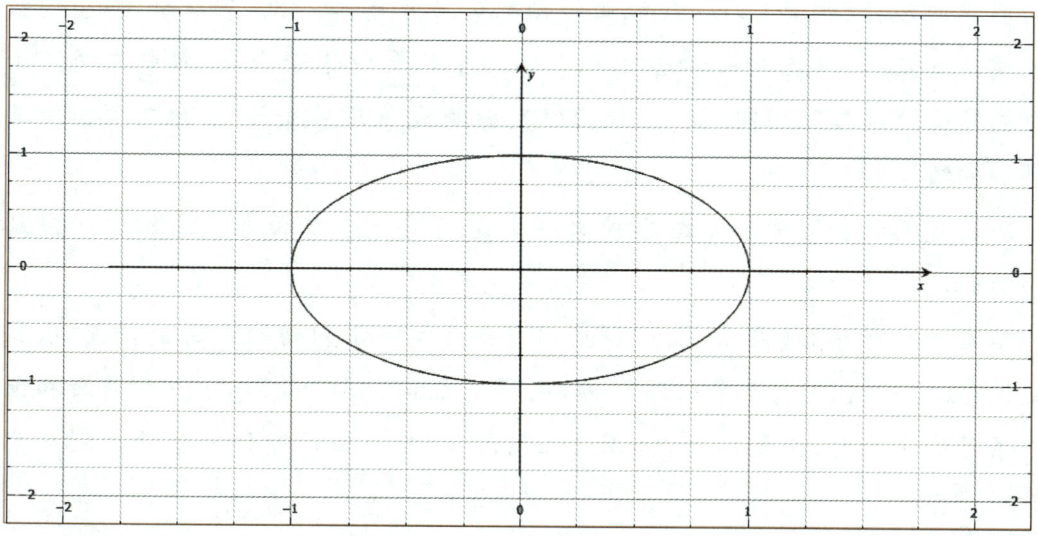

图 2-20

(2) 方程中含有参数 a 和 b，选择“图形控件”的“动画效果”a 右边的图标▶，观察图形的变化；

(3) 如图 2-21 所示，选择 b，并将右面范围的 0 改为 -2，然后点击 b 右边的图标▶，观察图形的变化.

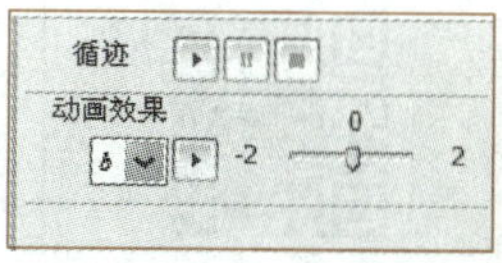

图 2-21

实验 2 作业

1. 利用高级计算器绘制下列曲线：

(1) $y^2=-4x$；　(2) $2x^2+4y^2=1$；　(3) $ax^2-y^2=1$.

2. 利用高级计算器绘制函数 $y=a\sin(bx+c)$ 的图像，并分别变化参数 a、b、c，观察它们的变化对函数图像的影响.

阅读与欣赏

圆锥曲线及其应用

本章我们从动点轨迹的角度研究了椭圆、双曲线及抛物线，得到描述动点轨迹的方程. 这些方程都是二元二次方程. 因此可以称这些曲线为**二次曲线**.

二次曲线还可以从不同的角度得到.

早在古希腊的亚历山大时期，阿波罗尼奥斯总结了前人的成果，就建立了完

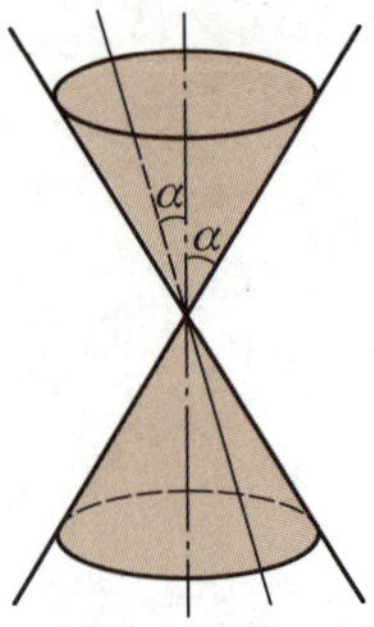

图 2-22

平面截圆锥演示

美的圆锥曲线论，编著成书《圆锥曲线论》. 全书 8 篇，共 487 个命题，将圆锥曲线的性质网罗殆尽，以致后代学者几乎没有插足的余地达千余年. 书中证明了由同一个圆锥面可以截取到圆、椭圆、双曲线及抛物线等几种曲线. 因此二次曲线又叫做**圆锥曲线**.

下面我们结合图形来介绍各种曲线是如何用一个平面来截圆锥面而得到的（证明略）.

给定一个圆锥面（图 2-22），当我们用垂直于圆锥的轴的平面去截圆锥，得到的是圆（图 2-23(1)）；把平面渐渐倾斜，得到椭圆（图 2-23(2)）；当平面和圆锥的一条母线平行时，得到抛物线（图 2-23(3)）；当平面再倾斜一些就得到双曲线（图 2-23(4)）.

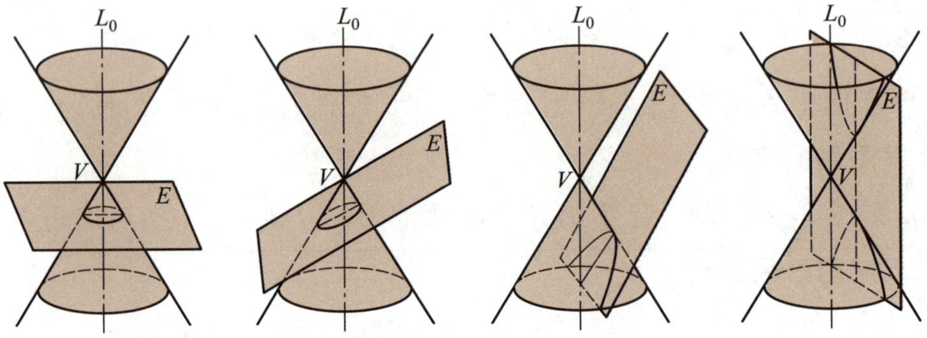

图 2-23

阿波罗尼奥斯曾经把椭圆叫做“亏曲线”，把双曲线叫做“超曲线”，把抛物线叫做“齐曲线”.

上面的介绍中看到了二次曲线所特有的几何性质.

除此之外，二次曲线还具有独特的物理性质，特别是它们的光线性质，在生产实践和科学研究中有着广泛的应用.

1. 椭圆绕它的长轴旋转一周形成一个旋转椭球面. 以旋转椭球面做反射镜时，从它的一个焦点 F_1（即生成椭球面的椭圆的焦点）发射的光线，经旋转椭球面的反射后，都聚集到另一个焦点 F_2 处（图 2-24）. 应用这个性质来设计电影放映机的聚光灯的反射镜面，将灯丝置于焦点 F_2 处，卡门孔置于焦点 F_1 处，这样卡门孔就能够得到最强的光源（图 2-25）.

2. 双曲线绕实轴旋转一周形成一个旋转双曲面. 从旋转双曲面的一个焦点 F_2（即生成双曲面的双曲线的焦点）发射的光线，经过旋转双曲面的反射，会使得光线散开，而且这些光线就好像是从另一个焦点 F_1 发射出来的一样（图 2-26）. 双曲线这种反向虚聚焦性质，在天文望远镜的设计中有着重要的应用.

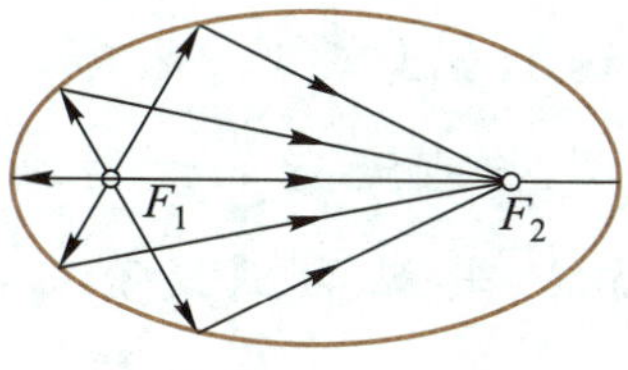

图 2-24

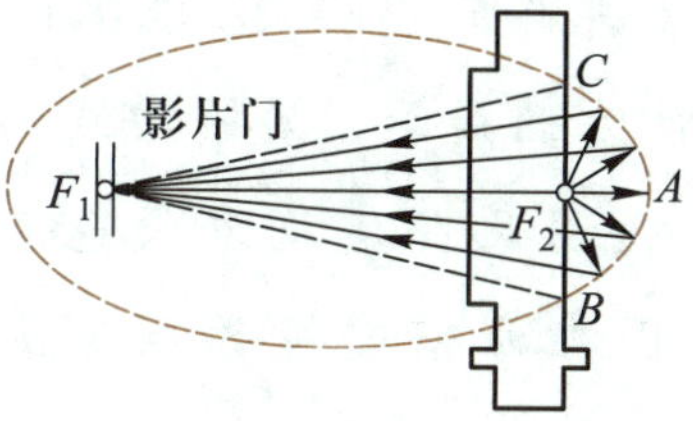

图 2-25

3. 抛物线绕它的对称轴旋转一周得到一个旋转抛物面，将光源放到焦点 F（即生成旋转抛物面的抛物线的焦点）处，光源发出的光线，经旋转抛物面反射后，成为一束平行于对称轴的光线（图 2-27），汽车前灯（图 2-28(1)）和探照灯（图 2-28(2)）的制作就是利用这个性质.

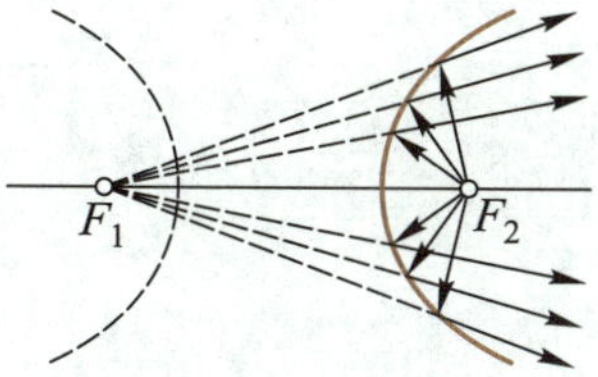

图 2-26

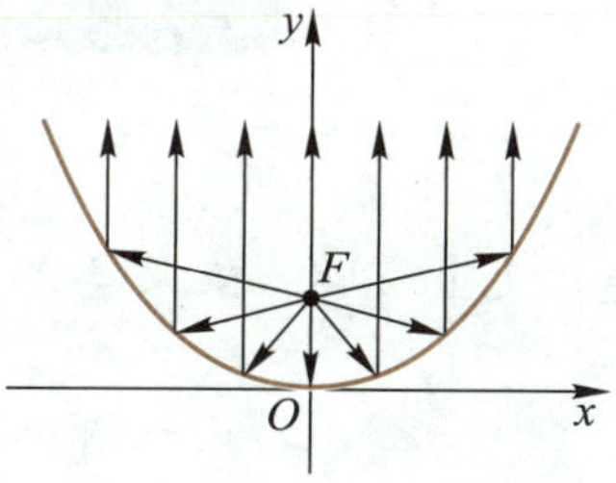

图 2-27

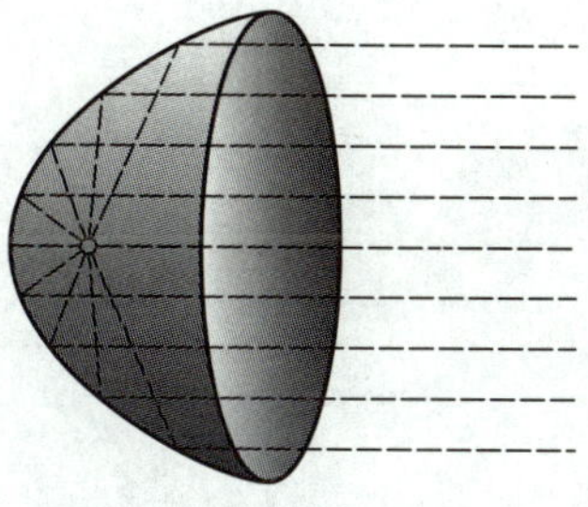

(1)

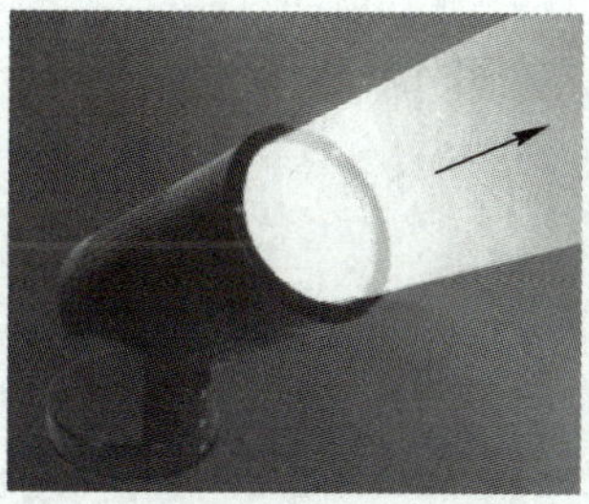

(2)

图 2-28

再根据光的可逆性，可以设计出用于加热水和食物的太阳灶（图 2-29）. 在太阳灶上装有一个旋转抛物面形的反光镜，当它的轴与太阳光线平行时，太阳光线经反射后集中于焦点处，这一点的温度就会很高. 其他如聚光灯、雷达天线、卫星天线、射电望远镜等也都是利用抛物线的光学性质原理制成的.

图 2-29

水波、声波和光波都是波的一种形式，因此有很多类似的性质. 如对声波遇到椭圆面、双曲面及抛物面的反射情况进行分析：为了使在展览厅走动的游客们都能听清讲解员的解说，根据圆锥曲线的光学性质及声波的相关原理，展览厅经常设计为椭圆形；圆锥曲线因其方程简单，线型多变美观，且具有某些很好的力学性质，因此在建筑方面也不乏应用；特别是当前流行的大型薄壳顶棚建筑，例如我国在北京建设的国家大剧院（图 2-30），其纵面剖线有很多是圆锥曲线.

图 2-30

科学是永无止境的，在人类不断地研究与探索下，二次曲线还将继续为人类造福.

第3章

复　数

大家知道，方程 $x^2-2=0$ 在有理数范围内无解.为了使得方程 $x^2-2=0$ 有解，我们引进无理数的概念.将数从有理数范围拓展到实数范围，并且有理数范围内的加法和乘法运算法在实数范围内仍然成立.这样，方程 $x^2-2=0$ 在实数范围内便有解了.

本章内，我们将用同样的方法研究方程 $x^2+1=0$ 的解.

本章主要内容是复数的概念、复数的运算法则以及复数的简单应用.通过这些内容的学习，培养和提升学生的数学运算和逻辑推理等核心素养.

3.1 复数的概念

3.1.1 虚数单位

大家知道，在实数范围内，负数是不能进行开平方运算的，因此方程 $x^2=-1$ 在实数范围内没有解. 为了使得方程 $x^2=-1$ 有解，我们引进一个新数 i，叫做**虚数单位**，规定：

（1）

$$i^2=-1 \tag{3.1}$$①

（2）实数与 i 进行四则运算时，原有的加法、乘法运算法则仍然成立.

注 意

电学中，为了与表示电流强度的符号相区别，一般采用符号 j 来表示虚数单位.

显然，i 就是 -1 的一个平方根. 因为 $(-i)^2=i^2=-1$，$-i$ 是 -1 的另一个平方根. 因此，方程 $x^2=-1$ 就有两个解：$x_1=i$，$x_2=-i$.

由数 i 的定义和规定，可以得到

$i^1=i$；　$i^2=-1$；　$i^3=i^2\cdot i=-i$；　$i^4=i^2\cdot i^2=(-1)\times(-1)=1$.

一般地，如果 $n\in\mathbf{N}$，那么

$$i^{4n}=1;\quad i^{4n+1}=i;\quad i^{4n+2}=-1;\quad i^{4n+3}=-i \tag{3.2}$$

与实数相类似，我们规定：

$$i^0=1;\ i^{-m}=\frac{1}{i^m}\quad (m\in\mathbf{N}) \tag{3.3}$$

① 有些教材规定：$i=\sqrt{-1}$，为了保留在 $\sqrt{a}$ 中要求 $a\geqslant 0$ 的习惯，本教材没有采用这种写法.

例 1 计算： (1) i^{12}； (2) i^{27}； (3) i^{2021}； (4) i^{-42}.

解 (1) $i^{12}=i^{4\times3}=1$；

(2) $i^{27}=i^{4\times6+3}=i^{3}=-i$；

(3) $i^{2021}=i^{4\times505+1}=i^{1}=i$；

(4) $i^{-42}=\dfrac{1}{i^{42}}=\dfrac{1}{i^{4\times10+2}}=\dfrac{1}{i^{2}}=\dfrac{1}{-1}=-1$.

练习 3.1.1

1. 对虚数单位 i 有哪些规定?
2. 计算： (1) i^{9}； (2) i^{-5}； (3) i^{2006}； (4) i^{-20}.

3.1.2 复数的概念

引入了虚数单位并规定"实数与 i 进行四则运算时，原有的加法、乘法运算法则仍然成立"，这样，实数 b 可以与 i 相乘，其积可写成 bi；实数 a 与 bi 相加，其和可写作 $a+bi$.

形如 $a+bi(a,b\in\mathbf{R})$ 的数叫做**复数**，其中，a 叫做复数的**实部**，b 叫做复数的**虚部**.

通常使用小写英文字母 $z,w,\cdots$ 等来表示复数.

例如，复数 $z=2+3i$ 的实部为 2，虚部为 3；复数 $w=\dfrac{1}{2}-\dfrac{3}{2}i$ 的实部为$\dfrac{1}{2}$，虚部为$-\dfrac{3}{2}$.

由所有复数组成的集合叫做**复数集**，用大写字母 **C** 来表示，即

$$\mathbf{C}=\{a+bi\mid a,b\in\mathbf{R}\}.$$

当 $b=0$ 时，复数 $a+bi$ 就是 a，为实数；当 $b\neq0$ 时，复数 $a+bi$ 叫做**虚数**；特别是

当 $a=0, b\neq0$ 时，复数 $a+bi$ 为 bi，叫做**纯虚数**.

例如，-2；$2-4i$；$\frac{3}{2}i$ 都是复数.其中，-2 是实数，$2-4i$ 是虚数，$\frac{3}{2}i$ 是纯虚数.

由定义可知，实数集是复数集的真子集.将数的范围从实数扩充到复数，就形成了复数系.其结构体系如图 3-1 所示.

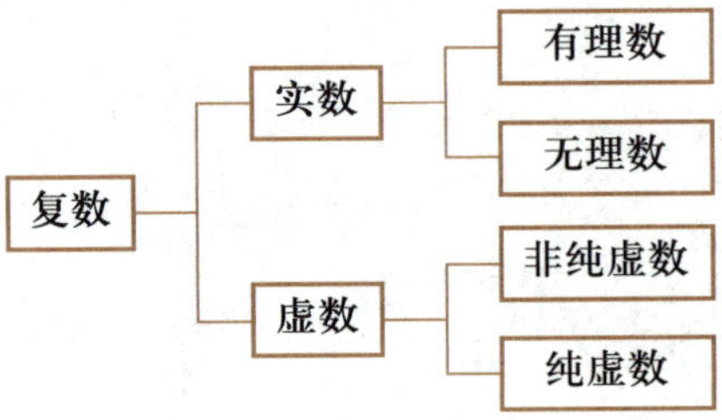

图 3-1

例 2 指出下列复数的实部和虚部，并判定它们是实数还是虚数？如果是虚数，是否为纯虚数？

(1) $z_1=-3+i$；　(2) $z_2=-2$；　(3) $z_3=-\sqrt{3}i$；　(4) $z_4=2+\sqrt{2}$.

解 (1) 复数 z_1 的实部为 -3，虚部为 1，故复数 z_1 是虚数，但不是纯虚数；

(2) 复数 z_2 的实部为 -2，虚部为 0，故复数 z_2 是实数；

(3) 复数 z_3 的实部为 0，虚部为 $-\sqrt{3}$，故复数 z_3 是虚数，并且是纯虚数；

(4) 复数 z_4 的实部为 $2+\sqrt{2}$，虚部为 0，故复数 z_4 是实数.

例 3 实数 m 取何值时，复数 $z=(m^2-3m-4)+(m^2-5m-6)i$：(1) 是实数？(2) 是纯虚数？

解 (1) 若复数 z 为实数，则

$$m^2-5m-6=0,$$

解得 $$m=-1 \quad \text{或} \quad m=6.$$

所以，当 $m=-1$ 或 $m=6$ 时，复数 z 是实数.

(2) 若复数 z 为纯虚数，则 $m^2-3m-4=0$ 且 $m^2-5m-6\neq0$.

由 $m^2-3m-4=0$ 解得 $\quad m=-1$ 或 $m=4$；

由 $m^2-5m-6\neq0$ 知 $\quad m\neq-1$ 且 $m\neq6$.

所以，当 $m=4$ 时，复数 z 是纯虚数.

两个复数 z_1 和 z_2，如果实部与虚部都对应相等，我们就说这**两个复数相等**，记作 $z_1=z_2$. 这就是说，若 $z_1=a+bi$，$z_2=c+di$，则

$$z_1=z_2 \Leftrightarrow a=c \quad 且 \quad b=d.$$

特别有 $$a+bi=0 \Leftrightarrow a=0 \quad 且 \quad b=0.$$

例 4 已知 $(2a+1)+(1-a)i=a-(3-b)i$，其中 $a, b \in \mathbf{R}$，求 a 与 b.

解 根据复数相等的定义，得

$$\begin{cases}2a+1=a\\1-a=-(3-b)\end{cases}$$

解得 $$a=-1, \quad b=5.$$

> **注意**
> 复数集中的两个数，只要其中有一个不是实数，就不能比较大小. 例如，$2+i$ 与 $5+i$，3 与 $2-i$，i 与 $3i$，都不能比较大小.

练习 3.1.2

1. 指出下列复数的实部和虚部.

(1) $2-3i$； (2) $-3-\sqrt{5}$； (3) $-\sqrt{3}i$； (4) 0.

2. 实数 m 取何值时，复数 $z=(m^2+2m+1)+(m^2-5m+6)i$，(1) 是实数？(2) 是纯虚数？

3. 已知 $a-2+(a-b)i=6i$，求实数 a 与 b.

3.1.3 复数的几何意义

由复数相等的定义知，任何一个复数都被它的实部与虚部所唯一确定，即复数 $z=a+bi$，被唯一的有序实数对 (a,b) 所确定. 因此，复数 $z=a+bi$ 与有序实数对 (a,b) 一一对应，而有序实数对 (a,b) 与平面直角坐标系内的唯一点 $Z(a,b)$ 一一对应. 这样，复数 $z=a+bi$ 与平面直角坐标系内的点 $Z(a,b)$ 一一对应.

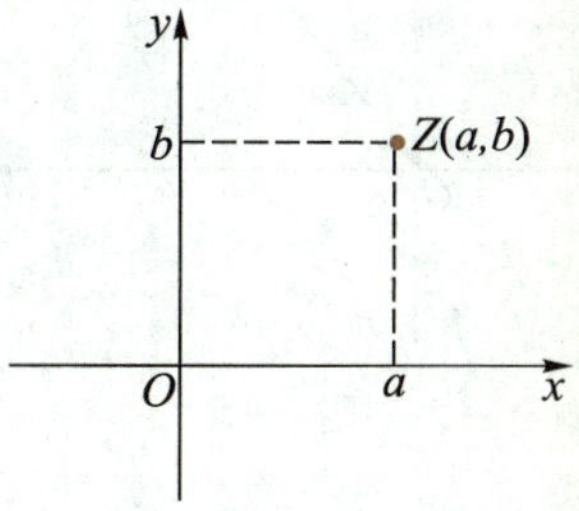

图 3-2

于是，复数 $a+bi\,(a,b \in \mathbf{R})$ 就可以用直角坐标系平面中的点 $Z(a,b)$ 表示（如图 3-2）.

建立直角坐标系来表示复数的平面叫做**复平面**.x 轴上的点对应的复数都是实数,y 轴上的点(坐标原点除外)对应的复数都是纯虚数,因此把 x 轴叫做实轴,y 轴(不含原点)叫做**虚轴**.

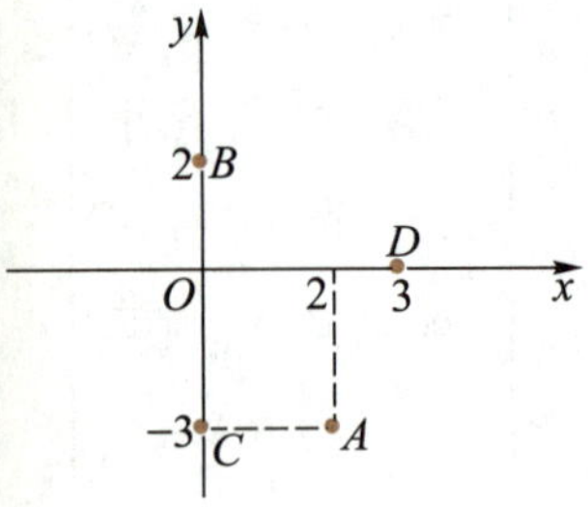

图 3-3

例 5 用复平面内的点表示复数:$2-3i$;$2i$;$-3i$;3.

解 如图 3-3 所示,复数 $2-3i$ 用点 $A(2,-3)$ 表示;复数 $2i$ 用点 $B(0,2)$ 表示;复数 $-3i$ 用点 $C(0,-3)$ 表示;复数 3 用点 $D(3,0)$ 表示.

例 6 写出图 3-4 中的各点表示的复数.

解 点 $A(4,-5)$ 表示复数 $4-5i$;点 $B(-2,3)$ 表示复数 $-2+3i$;点 $C(-2,-1)$ 表示复数 $-2-i$;点 $D(0,-2)$ 表示复数 $-2i$;点 $E(2,0)$ 表示复数 2;点 $F(0,3)$ 表示复数 $3i$.

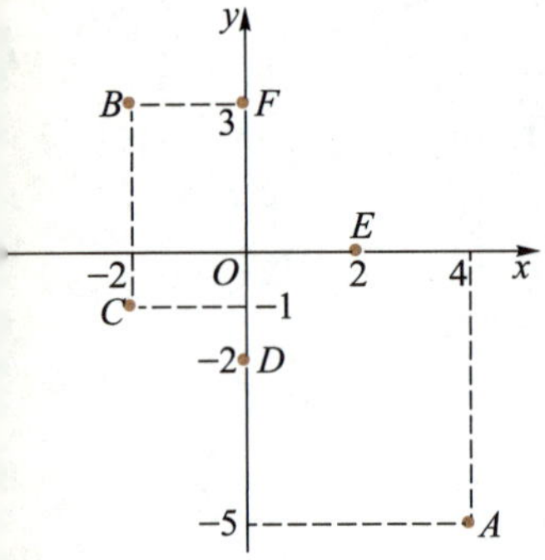

图 3-4

如图 3-5 所示,在复平面上任取一点 $Z(a,b)$,将原点 O 看作起点,点 Z 看作终点,就得到一个以原点为起点的向量 $\overrightarrow{OZ}$.这样,平面上的点就与平面上以原点为起点的向量一一对应,于是复数 $z=a+bi$ 就可以用复平面上的向量 $\overrightarrow{OZ}$ 表示.

与用复平面上的点 $Z(a,b)$ 表示复数 $z=a+bi$ 相比,用复平面上的向量 $\overrightarrow{OZ}$ 表示复数 $z=a+bi$ 有许多优势,其中之一就是"向量既有长度,又有方向".

向量 $\overrightarrow{OZ}$ 的模叫做复数 $z=a+bi$ 的**模**,记做 $|z|$.由于 $\overrightarrow{OZ}$ 的坐标是 (a,b),因此,$|\overrightarrow{OZ}|=\sqrt{a^2+b^2}$,从而

$$|z|=\sqrt{a^2+b^2} \tag{3.4}$$

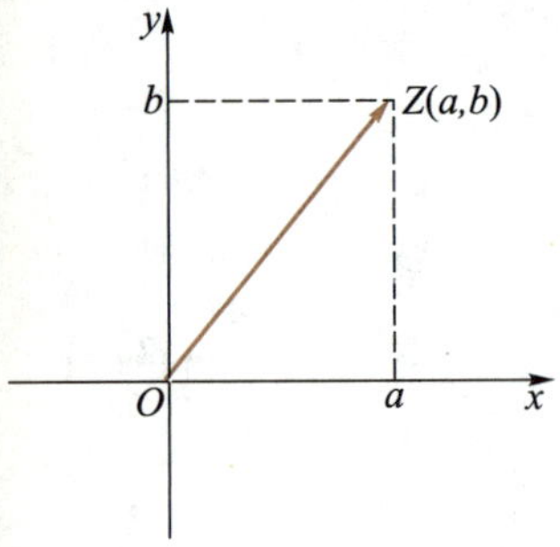

图 3-5

即复数 z 的模等于其实部与虚部平方和的算术平方根.

如果 $b=0$,则 $|a+bi|=|a|$.这表明复数中"模的概念"是实数中"绝对值概念"的推广.

练习 3.1.3

1. 用复平面内的点表示下列复数:

(1) $-2+i$; (2) $-i$; (3) 4; (4) $-1-4i$.

2. 指出图中的各点所表示的复数.

3. 用向量表示下列复数.

(1) $\sqrt{3}-i$; (2) $1+i$; (3) -3; (4) $-2i$.

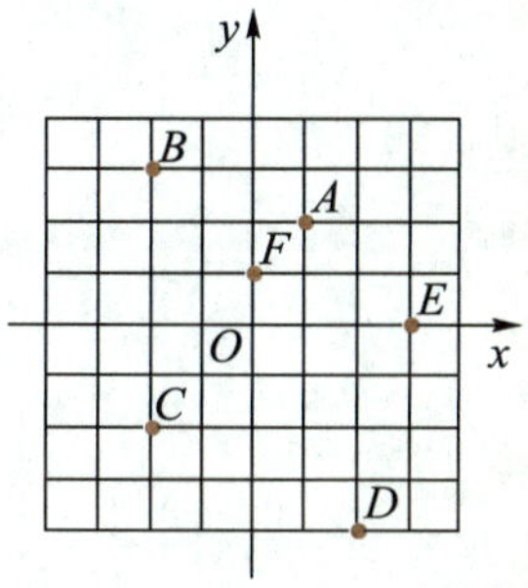

第 2 题图

3.1.4 共轭复数

在复平面作出复数 $z_1=3+2i$ 和 $z_2=3-2i$ 对应的点与向量(图 3-6).

这两个复数的实部相等,虚部互为相反数.观察图 3-6,可以看到,它们对应的点关于 x 轴对称,对应的向量也关于 x 轴对称.

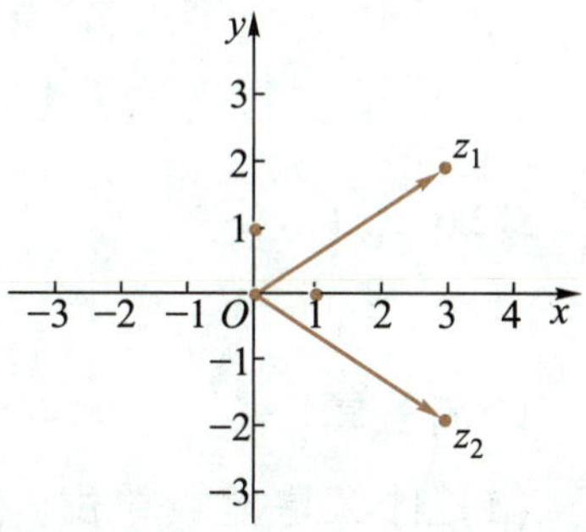

图 3-6

一般地,设复数 $z=a+bi$,则称复数 $a-bi$ 为复数 z 的**共轭复数**,记作 $\bar{z}$,即 $\bar{z}=a-bi$.

互为共轭的两个复数,实部相等,虚部互为相反数,它们对应的点关于实轴对称,对应的向量也关于实轴对称.

例 7 设复数 $z=3+4i$.

(1) 写出复数 z 的共轭复数;

(2) 在复平面内,分别用点与向量表示复数 z 及其共轭复数.

解 (1) 根据共轭复数的定义知,复数 z 的共轭复数为

$$\bar{z}=3-4i.$$

(2) 在复平面内,复数 $z=3+4i$ 和复数 $\bar{z}=3-4i$ 分别用点 $A(3,4)$ 和 $B(3,-4)$ [图 3-7(1)]表示;分别用向量 $\overrightarrow{OA}$ 和向量 $\overrightarrow{OB}$ [图 3-7(2)]表示.

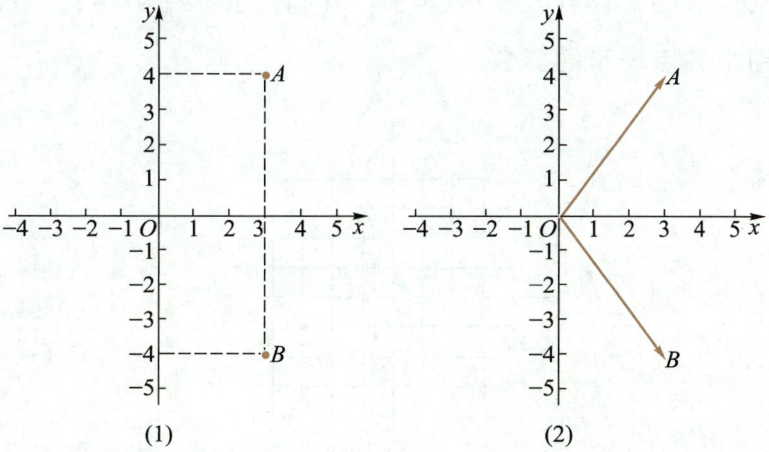

图 3-7

由定义可以知道，实数的共轭复数是它的本身. 例如，$-\sqrt{3}$ 的共轭复数还是 $-\sqrt{3}$.

练习题 3.1.4

1. 设 $(2x-2)-\mathrm{i}=2-(3-y)\mathrm{i}$，求实数 x 和 y.

2. 设复数 $z_1=a-4\mathrm{i}$，$z_2=-2+b\mathrm{i}$，且 z_1 与 z_2 互为共轭复数. 求实数 a 和 b，并在复平面上做出其向量表示.

习题 3.1

1. 简答题

（1）什么是虚数单位？它有什么性质？

（2）如果 a、b 都是实数，在什么情况下 $a+b\mathrm{i}$ 是实数？在什么情况下是纯虚数？

（3）两个复数在什么情况下是相等的？两个复数能否比较大小？

（4）什么是共轭复数？

（5）如果两个复数的模相等，那么它们一定互为共轭复数吗？为什么？

2. 判断下列说法是否正确

（1）若 $a=b(a,b\in\mathbf{R})$，则复数 $(a-b)+(a+b)\mathrm{i}$ 为纯虚数；

（2）$\mathrm{i}+1$ 的共轭复数是 $\mathrm{i}-1$.

3. 在复平面内，做出表示复数的点和向量：

（1）$-2+2\mathrm{i}$；（2）$4+3\mathrm{i}$；（3）$3-3\mathrm{i}$；（4）$-2\mathrm{i}$；（5）-1；（6）0.

4. 写出图中各点表示的复数.

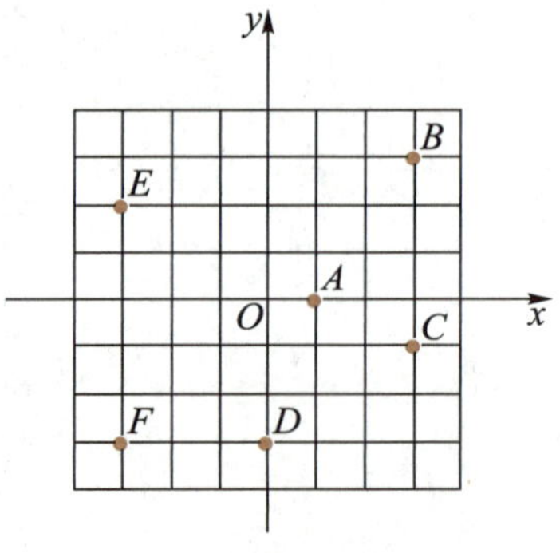

第 4 题图

5. 写出下列复数的共轭复数.

(1) $2+5\mathrm{i}$;　　(2) $3-6\mathrm{i}$;　　(3) $-3\mathrm{i}$;　　(4) 6.

6. 设 $m\in\mathbf{R}$, m 取什么数时，下列复数是实数？纯虚数？虚数？

(1) $(m^2-4m-5)+(m^2-3m-10)\mathrm{i}$;

(2) $(m^2-3m+2)+(2m^2-3m-2)\mathrm{i}$.

7. 求适合下列条件的实数 x 和 y.

(1) $(xy+1)-2\mathrm{i}=2-(3-y)\mathrm{i}$;

(2) 复数 $(x+y)+(x-y)\mathrm{i}$ 与复数 $12-6\mathrm{i}$ 互为共轭复数.

3.2 复数的运算

3.2.1 复数的加法和减法

设 $z_1=a+b\mathrm{i}(a,b\in\mathbf{R})$, $z_2=c+d\mathrm{i}(c,d\in\mathbf{R})$ 分别对应复平面的向量 $\overrightarrow{OZ_1}$ 和 $\overrightarrow{OZ_2}$（图 3-8）. 则 $\overrightarrow{OZ_1}=(a,b)$, $\overrightarrow{OZ_2}=(c,d)$, 由于 $\overrightarrow{OZ}=\overrightarrow{OZ_1}+\overrightarrow{OZ_2}=((a+c),(b+d))$, 所以

$$(a+b\mathrm{i})+(c+d\mathrm{i})=(a+c)+(b+d)\mathrm{i} \tag{3.5}$$

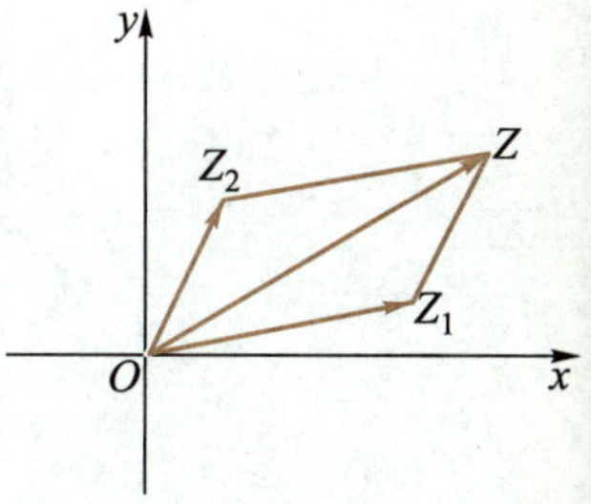

图 3-8

一般地，两个复数的和仍然是复数，其实部是这两个复数的实部之和，虚部是这两个复数的虚部之和.

式(3.5)与我们学习过的多项式加法

$$(a+bx)+(c+dx)=(a+c)+(b+d)x$$

相类似. 可以证明（证明略），复数的加法运算满足交换律和结合律. 即对任意复数 z_1、z_2、z_3 有

(1) 交换律　　$z_1+z_2=z_2+z_1$;

(2) 结合律　　$(z_1+z_2)+z_3=z_1+(z_2+z_3)$.

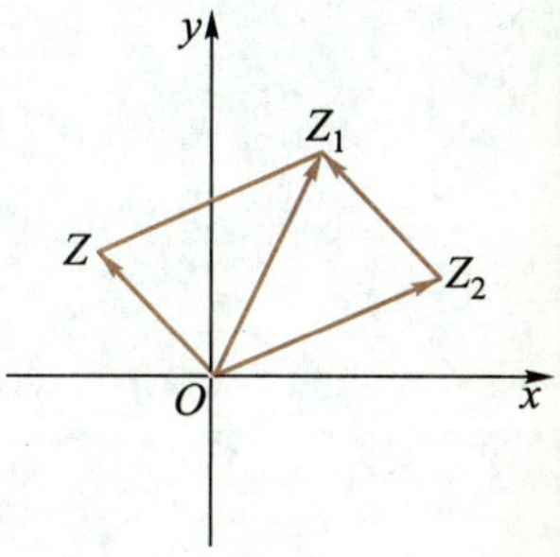

图 3-9

同样（如图 3-9）可以得到，两个复数的差仍然是复数. 其实部是这两个复数

的实部之差，虚部是这两个复数的虚部之差，即

$$(a+bi)-(c+di)=(a-c)+(b-d)i \tag{3.6}$$

例 1 计算：$(5+2i)+(3+7i)$.

解 $$(5+2i)+(3+7i)=(5+3)+(2+7)i=8+9i.$$

例 2 设复数 $z=a+bi$ $(a,b\in\mathbf{R})$，计算 $z+\bar{z}$.

解 由 $z=a+bi$ 知 $$\bar{z}=a-bi,$$

所以 $$z+\bar{z}=(a+bi)+(a-bi)=2a.$$

可以看到：**复数 z 与它的共轭复数 $\bar{z}$ 相加，其和为实数，其值为实部的 2 倍.**

例 3 计算：(1) $(4+3i)-(5-2i)$；

(2) $(3-2i)+(2+3i)-(4-2i)$.

解 (1) $(4+3i)-(5-2i)=(4-5)+[3-(-2)]i=-1+5i$；

(2) $(3-2i)+(2+3i)-(4-2i)=(3+2-4)+[-2+3-(-2)]i=1+3i$

练习 3.2.1

计算下列各题：

(1) $(3-2i)+(-3+4i)$；　　(2) $-3i+(1+i)$；

(3) $(3-5i)-(4-3i)$；　　(4) $(3+4i)+(5-3i)-(4+4i)$.

3.2.2 复数的乘法

1. 复数的乘法

我们学习过多项式的乘法，知道

$$(a+bx)\cdot(c+dx)=ac+adx+bcx+bdx^2.$$

两个复数相乘与之类似.

一般地，设 $z_1=a+bi(a,b\in\mathbf{R})$，$z_2=c+di(a,b,c,d\in\mathbf{R})$，则称 $z_1\cdot z_2$ 为 z_1 与 z_2 的积，并规定：

$$\begin{aligned}z_1\cdot z_2&=(a+bi)\cdot(c+di)\\&=ac+adi+bci+bdi^2\\&=(ac-bd)+(ad+bc)i.\end{aligned}$$

即
$$(a+bi)\cdot(c+di)=(ac-bd)+(ad+bc)i \tag{3.7}$$

这就是说，计算两个复数的积，只需按照多项式乘法的方式进行，注意 $i^2=-1$ 的应用即可.

说明

与多项式乘法类似，在不引起混淆的情况下，书写时乘号“·”可以省略.

容易验证，两个复数的积仍然是复数.复数的乘法运算满足交换律、结合律和分配律，即对任意复数 z_1、z_2、z_3，有

（1）交换律　　$z_1\cdot z_2=z_2\cdot z_1$；

（2）结合律　　$(z_1\cdot z_2)\cdot z_3=z_1\cdot(z_2\cdot z_3)$；

（3）分配律　　$z_1\cdot(z_2+z_3)=z_1\cdot z_2+z_1\cdot z_3$.

例 4　设 $z_1=3+2i$，$z_2=4-3i$，计算 $z_1\cdot z_2$.

解　$$\begin{aligned}z_1\cdot z_2&=(3+2i)\cdot(4-3i)\\&=12-9i+8i-6i^2\\&=18-i.\end{aligned}$$

例 5　设 $z=a+bi(a,b\in\mathbf{R})$，计算 $z\cdot\bar{z}$.

解　$z\cdot\bar{z}=(a+bi)(a-bi)=a^2-b^2i^2=a^2+b^2$.

由此例可看到：**互为共轭的两个复数的乘积是实数，且等于复数对应向量的模的平方.**

*2. 复数的除法

与实数运算类似，除法运算是乘法运算的逆运算.

一般地，当 $z_2\neq 0$ 时，若 $z\cdot z_2=z_1$，则称复数 z 为 z_1 除以 z_2 的商，记作

$$z=\frac{z_1}{z_2}\quad（或\ z=z_1\div z_2）$$

例如，复数 $1-2i$ 与 $3+4i$ 的商为

$$z=\frac{1-2i}{3+4i}.$$

计算时可以将其看做分式，利用分式的性质，将其分母化为实数即可.

由例题 5 得到：“互为共轭的两个复数的积是实数”.利用这个结论，依据分式的性质，可以将分子、分母同时乘以分母的共轭复数.于是

$$z=\frac{1-2i}{3+4i}=\frac{(1-2i)\cdot(3-4i)}{(3+4i)\cdot(3-4i)}$$

$$=\frac{3-4i-6i+8i^2}{3^2+4^2}$$

$$=-\frac{5}{25}-\frac{10}{25}i=-\frac{1}{5}-\frac{2}{5}i.$$

提示

将分式的分子和分母同乘以分母的共轭复数的过程称为**“分母实数化”**.

由此可知，计算两个复数相除，可以首先将其写成分式的形式，再将分式的分子和分母同乘以分母的共轭复数，进行整理和化简.

例 6 计算(1) $\frac{1}{i}$； (2) $(1-i)\div(1+i)$.

解 (1) $\frac{1}{i}=\frac{1\cdot i}{i\cdot i}=\frac{i}{-1}=-i$；

(2) $(1-i)\div(1+i)=\frac{1-i}{1+i}$

$$=\frac{(1-i)(1-i)}{(1+i)(1-i)}$$

$$=\frac{-2i}{2}=-i.$$

练习 3.2.2

1. $z_1=3+2i, z_2=4-3i, z_3=5-i$，计算 $z_1\cdot z_2\cdot z_3$.
2. 计算 $(1+i)^2$.
3. 计算 $(1+i)^3$.

*4. 计算 $(5+2i)\div(1-2i)$.

习题 3.2

1. 简答题.

(1) 如何进行复数的加法、减法运算?

(2) 互为共轭的两个复数,其和与差分别是什么数?

(3) 如何进行复数的乘法运算?

2. 计算.

(1) $(1+2i)+(2i-1)$; (2) $\left(\frac{1}{2}+\frac{3}{5}i\right)+\left(\frac{1}{2}-\frac{2}{3}i\right)$;

(3) $5-(2i-1)+(4-i)$; (4) $(3-3i)-(2-5i)-4i$.

3. 计算.

(1) $(1-2i^5)-(2+5i^6)+(3-4i^{11})$; (2) $(2+i)-(3+2i^3)-4i^{13}$.

4. 计算.

(1) $(1+2i)\cdot(2i-3)$; (2) $(1-\sqrt{3}i)\cdot(1+\sqrt{3}i)$;

(3) $(2i-2)\cdot(3-i)$; (4) $(2-i)^3$.

*5. 计算.

(1) $\frac{3+i}{2-i}$; (2) $\frac{1-2i}{4i}$.

6. 求满足 $(y-xi)+(x-2yi)-(4-9i)=0$ 的实数 x 和 y 的值.

3.3 解实系数一元二次方程

我们知道,在实数范围内,实系数一元二次方程

$$ax^2+bx+c=0 \quad (a\neq0)$$

解的判别式为 $\Delta=b^2-4ac$. 当 $\Delta>0$ 时,有两个不相等的实数解;当 $\Delta=0$ 时,有两个相等的实数解;当 $\Delta<0$ 时,没有实数解. 数的概念拓展到复数后,此时可以有虚数解. 因此,在复数范围内,实系数一元二次方程肯定有解. 求解方法与以前我们学过

的完全相同，只需注意到 $i^2=-1$.

1. $ax^2+c=0(a\neq 0)$ 型

这是缺一次项的类型，通常是将其恒等变形为 $x^2=-\frac{c}{a}$后，两边开平方.

例 1 解方程 $x^2+9=0$.

解 移项，得

$$x^2=-9,$$

两边开平方，得 $$x=\pm 3i.$$

即方程的解为 $$x_1=3i,\quad x_2=-3i.$$

2. $ax^2+bx=0(a\neq 0,b\neq 0)$ 型

这是缺常数项的类型.通常是将其恒等变形为 $x(ax+b)=0$ 后，解方程 $x=0$ 与 $ax+b=0$.

例 2 解方程 $2x^2+3x=0$.

解 原方程变形为

$$x(2x+3)=0,$$

于是 $$x=0\quad 或\quad 2x+3=0.$$

解得 $$x=0\quad 或\quad x=-\frac{3}{2}.$$

即方程的解为 $$x_1=0,\quad x_2=-\frac{3}{2}.$$

3. $ax^2+bx+c=0(a\neq 0,b\neq 0,c\neq 0)$ 型

例 3 解方程 $x^2+x+2=0$.

解 1 配方法

$$x^2+x+\left(\frac{1}{2}\right)^2-\left(\frac{1}{2}\right)^2+2=0,$$

$$\left(x+\frac{1}{2}\right)^2=-\frac{7}{4},$$

$$x+\frac{1}{2}=\pm\frac{\sqrt{7}}{2}i,$$

$$x=-\frac{1}{2}\pm\frac{\sqrt{7}}{2}i.$$

即方程的解为 $$x_1=-\frac{1}{2}-\frac{\sqrt{7}}{2}i,\quad x_2=-\frac{1}{2}+\frac{\sqrt{7}}{2}i.$$

解 2 公式法

利用公式

$$x=\frac{-b\pm\sqrt{b^2-4ac}}{2a},$$

得

$$x=\frac{-1\pm\sqrt{1-4\times1\times2}}{2}=\frac{-1\pm\mathrm{i}\sqrt{7}}{2},$$

即

$$x_1=\frac{-1+\sqrt{7}\mathrm{i}}{2},\quad x_2=\frac{-1-\sqrt{7}\mathrm{i}}{2}.$$

可以发现,这两个解互为共轭复数.

一般地,实系数一元二次方程 $ax^2+bx+c=0(a\neq0)$,如果有虚数解,那么其解一定是两个互为共轭的复数.

说明

配方法和公式法是解实系数一元二次方程的通法,适用各种类型.

练习 3.3

在复数集中解下列方程:

(1) $x^2+7=0$; (2) $x^2-3x=0$;

(3) $x^2-2x+6=0$; (4) $x^2+3x+3=0$.

习题 3.3

1. 实系数一元二次方程 $ax^2+bx+c=0(a\neq0)$ 的系数满足什么条件时,其解为

(1) 实数? (2) 虚数? (3) 纯虚数?

2. 解下列方程:

(1) $x^2+3=0$; (2) $x^2+4=0$;

(3) $2x^2-25=0$; (4) $2x+3x^2=0$.

3. 解下列方程:

(1) $x^2-4x+5=0$; (2) $x^2+5x+2=0$;

(3) $x^2-x+3=0$; (4) $x^2+\sqrt{2}x+1=0$.

复习题 3

一、选择题

1. 若 m 是实数,复数 $(m^2-3m-4)+(m^2+3m+2)\mathrm{i}$ 是纯虚数的条件为(　　).

A. $m=4$ 或 $m=-1$　　B. $m=-1$

C. $m=4$　　D. $m=-1$ 或 $m=-2$

2. 设复数 z 的共轭复数 $\bar{z}=-3i$，则 $z=$（　　）.

A. -3　　B. $-3i$　　C. $3i$　　D. 3

3. $i+i^2+i^3+i^4=$（　　）.

A. 0　　B. 1　　C. i　　D. $-i$

4. 设复数 $z=\frac{3}{5}+\frac{4}{5}i$，则 $|z|=$（　　）.

A. 1　　B. $\frac{3}{4}$　　C. $\frac{\sqrt{2}}{2}$　　D. $\frac{\sqrt{3}}{2}$

5. 设复数 $z_1=a-i$，$z_2=3+bi$，若 $z_1=z_2$ 则（　　）.

A. $a=1, b=3$　　B. $a=3, b=1$

C. $a=-3, b=1$　　D. $a=3, b=-1$

6. 复数 $z=-2+3i$ 在复平面上对应点的坐标是（　　）.

A. $(2,-3)$　　B. $(-3,2)$　　C. $(-2,3)$　　D. $(3,-2)$

7. 方程 $x^2+1=0$ 的解为（　　）.

A. -1　　B. $-i$　　C. i　　D. $\pm i$

8. 设 $a\in\mathbf{R}$，且 $(a+i)^2i$ 为正实数，则 $a=$（　　）.

A. 2　　B. 1　　C. 0　　D. -1

二、填空题

1. $\frac{1}{2}i^2+\frac{1}{3}i^3+\frac{1}{4}i^4=$__________.

2. 若复数 z 以 $i-\sqrt{2}$ 的虚部为实部，以 $\sqrt{2}i-1$ 的实部为虚部，则 $z=$________.

3. 设 x、y 都是实数，如果 $2x+4+(3y-6)i=0$，那么 $x=$______，$y=$______.

4. $|3\sqrt{7}+i|=$__________.

5. 设复数 $z_1=-1+i$，$z_2=2-3i$，则 $z_1+z_2=$__________.

6. 设复数 $z_1=i$，$z_2=2-i$，则 $z_1\cdot z_2=$__________.

三、解答题

1. m 是什么实数时，复数 $(m^2+4m+3)+(m^2+3m+2)i$ 是实数？纯虚数？虚数？

2. 计算：

(1) $(2-i)+(-1+4i)$；　　(2) $(\sqrt{2}-i)+(-1+\sqrt{3}i)$；

(3) $\left(\frac{2}{5}-i\right)+\left(\frac{2}{3}+\frac{1}{2}i\right)$；　　(4) $(i+2)-(3i+5)$.

3. 计算：

（1）$\left(\frac{2}{3}-i\right)+\left(1-\frac{2}{3}i\right)-\left(\frac{1}{2}+\frac{1}{4}i\right)$；

（2）$(a-b)+(a+b)i-(a+b)+(a-b)i,(a,b\in\mathbf{R})$.

4. 计算：

（1）$(3-2i)i$；　　（2）$(1-2i)(1+2i)$；

（3）$(2-i)(3+4i)$；　　（4）$\left(\frac{2}{3}-\frac{3}{2}i\right)\left(\frac{1}{3}+\frac{1}{2}i\right)$.

5. 计算：

（1）$(1-2i)^2$；　　（2）$(\sqrt{2}-i)\cdot(1+\sqrt{2}i)\cdot(1-\sqrt{2}i)$；

（3）$\sqrt{2}(2-i)\cdot(1+\sqrt{2}i)^2$；　　（4）$3(i+2)^2\cdot(3i-1)$.

6. 计算：

（1）$(3-2i)\div i$；　　（2）$\frac{i}{1-\sqrt{2}i}$；

（3）$(2-i)\div(3+4i)$；　　（4）$\frac{1-2i}{1+2i}$.

7. 解方程

（1）$3x^2+2=0$；　　（2）$2x^2-x+1=0$；

（3）$4x^2+2x+1=0$；　　（4）$x^2-\sqrt{7}x+8=0$.

8. 若 $1+\sqrt{2}i$ 是实系数方程 $x^2+bx+c=0$ 的一个解，求 b、c 的值.

数学实验 3　利用高级计算器 Microsoft Mathematics 4.0 进行复数的运算

实验目的

学习利用计算器（Microsoft Mathematics 4.0）进行复数的运算.

实验内容

在功能选项中单击“主页”，在显示的页面中，进行设置，本实验设置研究范围为“C 复数”，运算结果通常显示近似值，本实验中一般选择保留 4 位小数.在“输入窗口”进行输入后，单击“输入”.则在“输出窗口”显示出相应的运算结果.下面结合例题介绍相关操作.

例 1 操作演示

1. 求复数的模

例 1 求复数 $z=1+\mathrm{i}$ 的模.

操作

(1) 单击"主页"中的"复数",选择实施复数运算,设置小数位数.

(2) 单击"计算器面板""标准按钮组"中的"|x|"按钮,然后利用"标准按钮组"相应键,在"输入窗口"输入"1+i".单击"输入",则在"输出窗口"显示出相应的运算结果

$$|1+\mathrm{i}|=\sqrt{2}\approx 1.414\ 2.$$

例 2 操作演示

2. 复数的运算

例 2 计算 $(2+3\mathrm{i})-(5-2\mathrm{i})+(1+\sqrt{2}\mathrm{i})$.

操作

(1) 单击"主页"中的"复数",选择实施复数运算,设置小数位数.

(2) 利用"复数按钮组"的"I"及"标准按钮组"的相应键,在输入窗口输入

$$(2+3\mathrm{i})-(5-2\mathrm{i})+(1+\sqrt{2}\mathrm{i});$$

单击"输入",得到

$$(2+3\mathrm{i})-(5-2\mathrm{i})+(1+\sqrt{2}\mathrm{i})=-2+(5+\sqrt{2})\mathrm{i}\approx -2+6.414\ 2\mathrm{i}.$$

例 3 操作演示

例 3 计算 $3(\mathrm{i}+2)^2\cdot(3\mathrm{i}-1)$.

操作

(1) 单击"主页"中的"复数",选择实施复数运算,设置小数位数.

(2) 利用"复数按钮组"的"I"及"标准按钮组"的相应键,在输入窗口输入

$$3(\mathrm{i}+2)^2\cdot(3\mathrm{i}-1).$$

单击"输入",得到

$$3(\mathrm{i}+2)^2\cdot(3\mathrm{i}-1)=-45+15\mathrm{i}.$$

例 4 操作演示

例 4 计算 $\dfrac{1+\mathrm{i}}{2-3\mathrm{i}}$.

操作

(1) 单击"主页"中的"复数",选择实施复数运算,设置小数位数.

(2) 利用"复数按钮组"的"I"及"标准按钮组"的相应键,在输入窗口输入

$$(1+\mathrm{i})/(2-3\mathrm{i}).$$

单击"输入",得到

$$\frac{1+\mathrm{i}}{2-3\mathrm{i}}=-\frac{1}{13}+\frac{5}{13}\mathrm{i}\approx -0.076\ 9+0.384\ 6\mathrm{i}.$$

3. 在复数集中解实系数一元二次方程

在功能选项中点击“主页”，在显示的页面中，进行设置，利用“方程求解器”解方程.

例 5 解方程 $x^2-\sqrt{2}x+1=0$.

操作

(1) 单击“主页”中的“复数”，选择实施复数运算，设置小数位数.

(2) 单击“方程求解器”，在显示的输入框中，利用“复数按钮组”的“I”及“标准按钮组”的相应键，输入

$$x^2-\sqrt{2}x+1=0.$$

单击“求解”，得到

$$x_1=\sqrt{2}\left(\frac{1}{2}-\frac{1}{2}\mathrm{i}\right)\approx 0.707\ 1-0.707\ 1\mathrm{i};\quad x_2=\sqrt{2}\left(\frac{1}{2}+\frac{1}{2}\mathrm{i}\right)\approx 0.707\ 1+0.707\ 1\mathrm{i}.$$

例 5 操作演示

实验 3 作业

1. 求下列复数的模：

(1) $z=1+\sqrt{3}\mathrm{i}$；　　(2) $z=-\sqrt{2}-\mathrm{i}$.

2. 计算下列各式：

(1) $(2-\mathrm{i})+(-1+4\mathrm{i})$；　　(2) $\left(\frac{\sqrt{2}}{2}+\frac{\sqrt{6}}{2}\mathrm{i}\right)+\left(\frac{\sqrt{2}}{2}-\frac{\sqrt{2}}{2}\mathrm{i}\right)$；

(3) $(5+2\mathrm{i})\cdot(4-2\mathrm{i})^2$；　　(4) $(5+2\mathrm{i})\div(4-2\mathrm{i})$.

3. 解下列方程（保留 4 位小数）：

(1) $x^2+2x+\sqrt{2}=0$；　　(2) $2x^2-\sqrt{7}x+2=0$.

说明

① 解方程也可以在“输入窗口”直接输入；

② 有时结果界面含有“+”号，单击它可以显示出运算过程.

阅读与欣赏

复数的由来与发展

在漫长的数学发展过程中，很长的一段时期内，方程 $x^2=-1$ 没有解的结论，被认为天经地义的、无可争辩的事实. 直到文艺复兴时代，意大利数学家卡丹（1501—1576）在解一元二次方程和一元三次方程时，首先萌生了负数开平方的思想.

1545 年，卡丹在研究“将 10 分为两个部分，使得他们的积为 40”的问题时，写出了类似今天的结果：

$$5+\sqrt{-15},\quad 5-\sqrt{-15}.$$

即

$$(5+\sqrt{-15})+(5-\sqrt{-15})=10,$$

$$(5+\sqrt{-15})\times(5-\sqrt{-15})=40.$$

尽管他认为 $5+\sqrt{-15}$ 和 $5-\sqrt{-15}$ 这两个表示式是没有意义的、想象的、虚无缥缈的，但他还是把 10 分成了两部分，并使它们的乘积等于 40.这个由于解方程的需要而引出的新数究竟有什么实际意义？它的运算法则是什么？人们并不了解，用新数进行计算又产生一些矛盾，因此，在随后的一段时间内，许多人把这类新数看成虚无缥缈的没有意义的数.

意大利数学家邦别利（1526—1572）认为：“在许多人看来，这是一个怪念头，我在好长一段时间里也是这样想的.整个思路好象基于诡辩而不是基于真理，但经过长期研究，我最后证明这是真的.”他为自己的成功所鼓舞，进一步确定了这类新数的运算规律，得出了今天所用的所有的演算规则.

1637 年，法国数学家笛卡儿（1596—1650）正式开始使用“实数”“虚数”这两个名词.他在《几何学》（1637 年发表）中使“虚的数”与“实的数”相对应，从此，虚数才流传开来.此后，德国数学家莱布尼兹（1646—1716）、瑞士数学家欧拉（1707—1783）和法国数学家棣莫弗等研究了虚数与对数函数、三角函数之间的关系，得出了许多很有价值的结论.欧拉还首先使用 i 来表示 -1 的平方根.

随着科学技术的发展，人们对虚数的认识逐渐深入.在 1799 年、1815 年和 1816 年，著名的德国数学家高斯（1777—1855）在证明代数基本定理“任何一元 n 次方程在复数集内有且仅有 n 个根”时，都用到并论述了虚数，而且首次引进了“复数”这个名词，在复数与复平面内的点、向量间建立对应关系，即复数 $z=a+b\mathrm{i}$ $(a,b\in\mathbf{R})$，平面上的点 $Z(a,b)$ 和向量 $\overrightarrow{OZ}$ 一一对应.从而建立了复数的几何基础.

从此，复数与物理学上的各种向量相沟通，成为研究力、位移、速度、电场强度等既有大小、又有方向的量的强有力工具.

1837 年，爱尔兰数学家哈密顿（1805—1865）用有序实数对 (a,b) 定义了复数及其运算，并说明复数的加、乘运算满足实数的运算律；实数被看成特殊的复数 $(a,0)$.至此，经过将近 300 年的努力，数系由实数系向复数系的扩展才基本得以完成.

随着科学和技术的进步，复数理论已越来越显出它的重要性，它不但对于数学本身的发展有着极其重要的意义，而且在证明机翼上升力的基本定理中起到了重要作用，在解决堤坝渗水的问题中显示了它的威力，也为建立巨大水电站提供了重要的理论依据，等等，复数在电学、流体力学、振动理论等诸多方面都得到了广泛的应用.

第4章

概率与统计

概率与统计是用数学方法研究随机现象数量规律的科学.在科学研究、工程技术和经济管理等诸多领域中有着广泛的应用.

本章在基础模块学习的基础上,进一步学习概率与统计知识.内容包括:计数原理、排列与组合、二项式定理、离散型随机变量及其分布、二项分布、正态分布、用样本估计总体、一元线性回归.通过这些知识的学习,培养和提升数学运算、数据分析、逻辑推理和数学建模等核心素养.

4.1 排列与组合

4.1.1 计数原理

1. 分类计数原理

先来看一个问题：由某市去北京可以乘火车，也可乘长途汽车，还可以乘飞机.如果一天之内火车有 29 个班次，长途汽车有 11 个班次，飞机有 2 个班次，那么，每天由该市去北京有多少种不同的方法？

解决这个问题需要分类进行研究.由该市去北京共有三类方案.第一类是乘火车，有 29 种方法；第二类是乘长途汽车，有 11 种方法；第三类是乘飞机，有 2 种方法.并且，每一种方法都能够完成这件事（从该市到北京）.所以每天从该市到北京的方法共有

$$29+11+2=42(\text{种}).$$

一般地，完成一件事，有 n 类方式.第 1 类方式有 k_1 种方法，第 2 类方式有 k_2 种方法，……，第 n 类方式有 k_n 种方法，那么完成这件事的方法种数为

$$N=k_1+k_2+\cdots+k_n \tag{4.1}$$

上面的计数原理叫做**分类计数原理（或加法原理）**.

例 1 三个袋子里分别装有 9 个红色球[①]，8 个蓝色球和 10 个白色球.任取出一个球，共有多少种取法？

解 取出一个球，可能是红色球、蓝色球或白色球.

第一类：取红色球，从 9 个红色球中任意取出一个，有 $k_1=9$ 种方法；

第二类：取蓝色球，从 8 个蓝色球中任意取出一个，有 $k_2=8$ 种方法；

第三类：取白色球，从 10 个白色球中任意取出一个，有 $k_2=10$ 种方法.

由分类计数原理知，不同的取法共有

$$N=9+8+10=27(\text{种}).$$

2. 分步计数原理

请看一个问题：某班级选举班干部，需从唐华、张凤、薛贵 3 个候选人中，选出

---

① 本章中，袋子中的球除了颜色不同外，外形、重量等完全相同.每个球都有编号，任意两个同色球都是不同的球.

2 人分别担任班长和团支部书记，会有多少种选举结果呢？

解决这个问题需要分步骤进行研究.比如第一步选出班长，第二步选出团支部书记.每一步并不能完成选举工作，只有各步骤都完成，才能完成选举这件事.

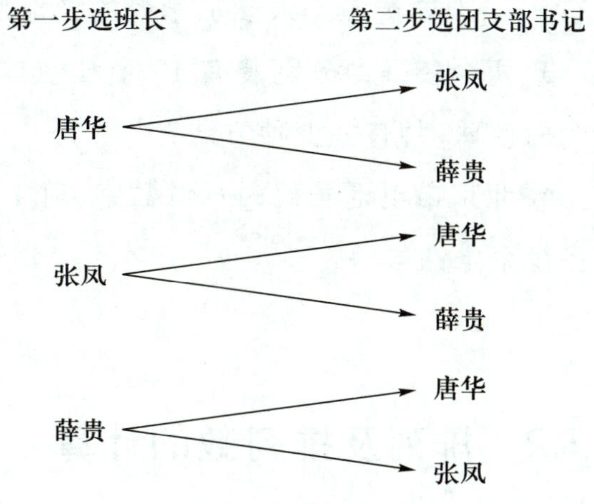

图 4-1

如图 4-1 所示，第一步从 3 个候选人中选出 1 人，共有 3 种结果，对第一步的每种结果，第二步都有 2 种结果.因此共有 $3\times2=6$ 种结果.

一般地，如果完成一件事，需要分成 n 个步骤，完成第 1 个步骤有 k_1 种方法，完成第 2 个步骤有 k_2 种方法，……，完成第 n 个步骤有 k_n 种方法，并且只有这 n 个步骤都完成后，这件事才能完成，那么完成这件事的方法种数为

$$N=k_1\cdot k_2\cdot\cdots\cdot k_n \tag{4.2}$$

上面的计数原理叫做**分步计数原理(乘法原理)**.

例 2 某校电子八班有男生 26 人、女生 20 人，若要选男、女生各 1 人作为学生代表参加学校伙食管理委员会，共有多少种选法?

解 这件事可以分成两个步骤完成.

第一步：从 26 名男生中选出 1 人，有 $k_1=26$ 种选法；

第二步：从 20 名女生中选出 1 人，有 $k_2=20$ 种选法.

由分步计数原理有

$$N=26\times20=520(\text{种}).$$

即共有 520 种选法.

例 3 某邮政大厅有 4 个邮筒，现将三封信逐一投入邮筒，共有多少种投法?

解 分成三个步骤，每个步骤投一封信，均有 4 种方法.应用分步计数原理，投法共有

$$4\times4\times4=64(\text{种}).$$

试一试

你能说出分类计数原理和分步计数原理的区别吗?

练习 4.1.1

1. 书架上有 7 本数学书、6 本语文书、4 本历史书.如果从书架上任取一本，共有多少种不同取法?

2. 某职业学校电子一班的同学分为三个小组，甲组有 10 人，乙组有 11 人，丙组有 9 人.现要选派 1 人参加学校的技能活动，有多少种不同的方法？

3. 两个袋子中分别装有 10 个红色球和 6 个白色球.从中取出一个红色球和一个白色球，共有多少种方法？

4. 北京市电话号码为八位数字，前 4 位是电信局支局的代号，问 8461 支局共有多少个电话号码？

4.1.2 排列及排列数的计算

下面看一个问题：

在北京、重庆、上海 3 个民航站之间的直达航线，需要准备多少种不同的机票（只考虑起点站和终点站的异同，不考虑其他因素，比如不同航空公司）？

这个问题就是从北京、重庆、上海 3 个民航站中，每次取出 2 个站，按照起点站在前，终点站在后的顺序排列，求不同的排列方法的总数.

首先确定机票的起点，从 3 个民航站中任意选取 1 个，有 3 种不同的方法；然后确定机票的终点，从剩余的 2 个民航站中任意选取 1 个，有 2 种不同的方法.根据分步计数原理，共有 $3\times2=6$ 种不同的方法，即需要准备 6 种不同的飞机票：

北京→重庆，北京→上海，重庆→北京，

重庆→上海，上海→北京，上海→重庆.

将被取的对象（如上面问题中的民航站）叫做元素. 上面的问题就是：从 3 个不同元素中，任取 2 个，按照一定的顺序排成一列，可以得到多少种不同的排列.

雄心壮志只能建立在踏实的基础上，否则就不叫雄心壮志. 雄心壮志需要有步骤地，一步步地，踏踏实实地去实现，一步一个脚印，不能让它有一步落空.

——华罗庚

一般地，从 n 个不同元素中，任取 m $(m\leqslant n)$ 个元素，按照一定的顺序排成一列，叫做从 n 个不同元素中取出 m 个元素的一个**排列**，$m<n$ 时叫做**选排列**，$m=n$ 时叫做**全排列**.

例 4 写出从 4 个元素 a,b,c,d 中任取 2 个元素的所有排列.

分析 首先任取 1 个元素放在左边,然后在剩余的元素中任取 1 个元素放在右边.

解 所有排列为

$$ab,ac,ad,ba,bc,bd,ca,cb,cd,da,db,dc.$$

说明

如果称两个排列相同,那么不仅要求这两个排列的元素完全相同,而且排列的顺序也要完全相同.

从 n 个不同元素中,取出 $m(m\leqslant n)$ 个元素的所有排列的个数,叫做从 n 个不同元素中取出 m 个元素的排列数,用符号 P_n^m 表示.

例 4 中,从 4 个元素 a,b,c,d 中任取 2 个元素的排列数为 P_4^2. 可以看到

$$\mathrm{P}_4^2=12.$$

下面研究计算排列数的公式.

计算 P_n^m 可以这样考虑:假定有顺序排列的 m 个空位(图 4-2):

第1位	第2位	第3位	…	第m位
			…	

图 4-2

第一步,从 n 个元素中任选 1 个元素,填到第 1 个空位,有 n 种方法;

第二步,从剩余的 $n-1$ 个元素中任选 1 个元素,填到第 2 个空位,有 $n-1$ 种方法;

第三步,从剩余的 $n-2$ 个元素中任选 1 个元素,填到第 3 个空位,有 $n-2$ 种方法;

…………

第 m 步,从剩余的 $n-(m-1)$ 个元素中任选 1 个元素,填到第 m 个空位,有 $n-m+1$ 种方法.

根据分步计数原理,全部填满空位的方法总数为

$$n(n-1)(n-2)\cdots(n-m+1).$$

由此得到,从 n 个不同元素中任取 $m(m\leqslant n)$ 个元素的排列数 P_n^m 为

$$\mathrm{P}_n^m=n(n-1)(n-2)\cdots(n-m+1) \qquad (4.3)$$

其中,$m,n\in\mathbf{N}^*$,且 $m\leqslant n$. 公式(4.3)叫做排列数公式.

说明

规定 $0!=1$.

当 $m=n$ 时,由公式(4.3)得

$$P_n^n=n(n-1)(n-2)\cdots3\times2\times1 \tag{4.4}$$

由1到 n 的正整数的连乘积，叫做 n 的**阶乘**，记作 $n!$. 即

$$n!=n(n-1)(n-2)\cdots3\times2\times1$$

因此，公式(4.4)还可以写成

$$P_n^n=n! \tag{4.5}$$

一般地，

$$\begin{aligned}P_n^m&=n(n-1)(n-2)\cdots(n-m+1)\\&=\frac{n(n-1)(n-2)\cdots(n-m+1)(n-m)\cdots2\times1}{(n-m)\cdots2\times1}\\&=\frac{n!}{(n-m)!}.\end{aligned}$$

因此，当 $m<n$ 时，公式(4.3)还可以写成

$$P_n^m=\frac{n!}{(n-m)!} \tag{4.6}$$

说明

公式(4.3)与公式(4.6)都是计算排列数的公式.计算排列数，通常使用公式(4.3)；进行有关排列数的证明与研究通常使用公式(4.6).

例5 计算 P_5^2 和 P_4^4.

解 $P_5^2=5\times4=20$,

$P_4^4=4!=4\times3\times2\times1=24$.

例6 小华准备从7本世界名著中任选3本，分别送给甲、乙、丙3位同学，每人1本，共有多少种选法？

分析 选出3本不同的书，分别送给甲、乙、丙3位同学，书的不同排序，结果是不同的.因此选法的种数是从7个不同元素中取3个元素的排列数.

解 不同的选法的种数是

$$P_7^3=7\times6\times5=210.$$

即共有210种不同选法.

例7 用0,1,2,3,4,5可以组成多少个没有重复数字的3位数？

分析1 因为百位上的数字不能为0，所以分成两步考虑问题.第一步先排百位上的数字；第二步从剩余的数字中任取2个数排列.

解1 由分步计数原理知所求三位数的个数为

$$P_5^1\,P_5^2=5\times(5\times4)=100.$$

分析 2 组成 3 位数的数字中，可能含 0，也可能不含 0. 因此，分成两类考虑问题.

解 2 第一类为 3 位数字中含 0，由于百位上的数字不能为 0，故只能将 0 放到个位或十位，有 P_2^1 种方法；然后再从“1，2，3，4，5”五个数字中，任选 2 个数字，放到剩余的 2 个数位上，有 P_5^2 种方法. 由分步计数原理知这类 3 位数的个数为

$$P_2^1\ P_5^2 = 2\times5\times4 = 40.$$

第二类为 3 位数字中不含 0，从“1，2，3，4，5”五个数字中任选 3 个数字放到 3 个数位上，这类 3 位数的个数为

$$P_5^3 = 5\times4\times3 = 60.$$

由分类计数原理知，所求 3 位数的个数为

$$P_2^1\ P_5^2 + P_5^3 = 40+60 = 100.$$

说 明

“首先考虑特殊元素或特殊位置，然后再考虑一般元素或位置，分步骤来研究问题”是本章中经常使用的方法.

计算器使用

利用计算器，可以方便地求出任意一个正整数的阶乘. 以计算 4！为例，计算方法是：输入数字 4，然后依次按键 [SHIFT]、[x！]、[=]，显示 24. 即 4！= 24.

利用计算器，可以方便地计算排列数. 以计算 P_6^3 为例，计算方法是：输入数字 6，然后依次按键 [SHIFT]、[×]，然后输入数字 3，按键 [=]，显示 120. 即 $P_6^3 = 120$.

练习 4.1.2

1. 填空：

（1）已知 $P_n^2 = 56$，那么 $n =$ ________.

（2）用 1，2，3，4，5，6 这六个数字组成没有重复数字的四位数，共有 ________ 个.

2. 在 A，B，C，D 四个候选人中，选出正副班长各一个，选法的种数是多少？

3. 用 1，2，3，4，5 这五个数字，组成没有重复数字的三位数，其中偶数有多少个？

注意

组合与排列的区别是：从 n 个不同元素取 m ($m \leqslant n$) 个元素的一个组合，与 m 个元素排列的顺序无关，而从 n 个不同元素中取 m ($m \leqslant n$) 个元素的一个排列，与 m 个元素的排列顺序有关.

4.1.3 组合及组合数的计算

在北京、重庆、上海 3 个民航站的直达航线之间，有多少种不同的飞机票价（假设两地之间的往返票价是相同的）？

飞机票的价格有如下三种：

北京—重庆（重庆—北京）

北京—上海（上海—北京）

重庆—上海（上海—重庆）

这个问题，是从 3 个不同的元素中任取 2 个，不管是怎样的顺序总认为一组，求一共有多少个不同的组.

一般地，从 n 个不同的元素中，任取 m ($m \leqslant n$) 个不同元素，组成一组，叫做从 n 个不同元素中取 m 个不同元素的一个**组合**.

三地之间不同的飞机票价种数，就是从 3 个不同元素中，取出 2 个不同元素的所有组合的个数.

一般地，从 n 个不同元素中取 m ($m \leqslant n$) 个不同元素的所有组合的个数，叫做从 n 个不同元素中取出 m 个不同元素的组合数，用符号 C_n^m 表示.

下面通过研究计算 C_4^3 的方法来研究组合数的计算公式.

用两种不同的方法来计算 P_4^3.

方法 1：$P_4^3 = 4 \times 3 \times 2$.

方法 2：从 4 个不同元素中取 3 个不同元素的一个排列，可以分两步完成.

第一步，从 4 个不同元素中取 3 个元素组成一组，有 C_4^3 种取法；

第二步，对每一组中的 3 个不同元素进行全排列.

根据分步计数原理，得

$$P_4^3 = C_4^3 \cdot 3!,$$

所以

$$C_4^3 = \frac{P_4^3}{3!}.$$

类似地，可以得到组合数的计算公式.

一般地，从 n 个不同元素中取 $m(m\leqslant n)$ 个不同元素的组合数为

$$C_n^m=\frac{P_n^m}{P_m^m}=\frac{n(n-1)(n-2)\cdots(n-m+1)}{m!} \tag{4.7}$$

由于 $$P_n^m=\frac{n!}{(n-m)!},\quad P_n^m=C_n^m\cdot P_m^m,$$

故组合数公式还可以写作

$$C_n^m=\frac{n!}{m!(n-m)!} \tag{4.8}$$

其中 $n,m\in\mathbf{N}^*$，并且 $m\leqslant n$.

可以证明，组合数具有如下性质（证明略）：

性质 1 $$C_n^m=C_n^{n-m}\quad(m\leqslant n).$$

利用这个性质，当 $m>\frac{n}{2}$ 时，可以通过计算较简单的 C_n^{n-m} 得到 C_n^m 的值，如

$$C_{20}^{18}=C_{20}^{20-18}=C_{20}^{2}=\frac{20\times19}{2!}=190.$$

性质 2 $$C_{n+1}^m=C_n^m+C_n^{m-1}\quad(m\leqslant n).$$

性质 2 反映出组合数公式中的 m 与 n 之间存在的联系.

例 8 计算 C_7^4、C_4^4 和 C_5^0.

解 $$C_7^4=C_7^3=\frac{P_7^3}{3!}=\frac{7\times6\times5}{3!}=35,$$

$$C_4^4=\frac{P_4^4}{4!}=\frac{4\times3\times2\times1}{4!}=1,$$

$$C_5^0=\frac{5!}{0!(5-0)!}=\frac{5!}{5!}=1.$$

说明

一般地，可以得到 $C_n^n=1$，$C_n^0=1$.

例 9 圆周上有 10 个点，以任意三点为顶点画圆内接三角形，一共可以画多少个？

分析 因为只要选出三个点，三角形就唯一确定，与三个点的排列顺序无关，所以求的是从 10 个不同元素中任取 3 个不同元素的组合数.

解 可以画出的圆内接三角形的个数为

$$C_{10}^3=\frac{10\times9\times8}{3!}=120(\text{个}),$$

即可以画出 120 个圆内接三角形.

说 明

公式(4.7)与公式(4.8)都是计算组合数的公式.计算组合数,通常使用公式(4.7);进行有关组合数的证明与研究,通常使用公式(4.8).

计算器使用

利用计算器可以方便地计算组合数.以计算 C_6^2 为例,计算方法为:输入数字 6,依次按键 SHIFT 、 ÷ ,然后输入数字 2,按键 = ,显示 15.即 $C_6^2=15$.

练习 4.1.3

1. 计算下列各数:

(1) C_7^2; (2) C_5^4; (3) C_8^3; (4) C_{12}^{10}.

2. 6 个朋友聚会,每两人握手一次,这次聚会他们一共握手多少次?

3. 从 3,5,7,11 这四个质数中任取两个相乘,可以得到多少个不相等的积?

4. 学校开设了 6 门任意选修课,要求每个学生从中选学 3 门,共有多少种不同的选法?

5. 现有 3 张参观券,要在 5 人中选出 3 人去参观,共有多少种不同的选法?

4.1.4 排列与组合的应用举例

例 10 解析

例 10 从 5 名学生中,选出 2 名学生.

(1) 去参加一个调查会,有多少种不同的选法?

(2) 担任两项不同的工作,有多少种不同的选法?

分析 两个人参加一个调查会,是无序的;两个人担任两项不同的工作,是有序的.

解 (1) 不同的选法共有

$$C_5^2=\frac{5\times 4}{2\times 1}=10(\text{种}).$$

(2) 不同的选法共有

$$P_5^2=5\times 4=20(\text{种}).$$

例 11 100 件产品中有两件次品,从中任意抽取 3 件产品进行检查.问

(1) 一共有多少种不同的抽取方法?

(2) 抽取的 3 件产品中,恰有一件是次品的不同抽取方法有多少种?

(3) 抽取的 3 件产品中,至少有一件是次品的不同抽取方法有多少种?

解 (1) 不同的抽取方法的总数为从 100 件产品中取出 3 件的组合数

$$C_{100}^{3}=\frac{100\times99\times98}{3\times2\times1}=161\ 700(\text{种}).$$

(2) 分成两步来完成.第一步从 2 件次品中抽出 1 件,第二步从 98 件正品中抽出 2 件.由分步计数原理知,恰有 1 件次品的不同抽取方法的种数为

$$C_{2}^{1}C_{98}^{2}=2\times\frac{98\times97}{2\times1}=9\ 506(\text{种}).$$

(3) 从任意抽取不同的 3 件产品的抽取方法总数中,减去 3 件全是正品的抽取方法种数,就是至少有一件是次品的不同抽取方法种数.即

$$C_{100}^{3}-C_{98}^{3}=161\ 700-152\ 096=9\ 604(\text{种}).$$

想一想

例 11(3)是否还有其他的解法?

说明 设事件 A={取到的 3 件产品全是正品},事件 B={取到的 3 件产品中至少有一件是次品}. 则 A 与 B 互斥,并且 $A\cup B$ 为必然事件. 此时称事件 A 与事件 B 互为对立事件. 其含义是,在任何一次试验中,事件 A 与事件 B 有且仅有一个发生. A 的对立事件一般记作 $\bar{A}$,可以得到 $P(A)=1-P(\bar{A})$.

例 12 如果 7 名学生照集体相,要排成一列,有两名学生必须要相邻,那么共有多少种不同的排法?

分析 分成两步来排队.第一步,将这两个人的顺序排好;第二步,将这两个人作为一个总体,与剩下的 5 名学生一起排队.

解 不同的排法共有

$$P_{2}^{2}P_{6}^{6}=2\times1\times6\times5\times4\times3\times2\times1=1\ 440(\text{种}).$$

说明

要注意"先考虑特殊元素或特殊位置,再考虑一般元素或位置"这种有序思维的使用.

例 13 从 6 名男生和 5 名女生中选出 3 名男生和 2 名女生排成一行,有多少种不同排法?

分析 可以首先将男生选出,再将女生选出,然后对选出的 5 名学生排序.

解 不同排法的总数为

$$C_{6}^{3}C_{5}^{2}P_{5}^{5}=\frac{6\times5\times4}{3\times2\times1}\times\frac{5\times4}{2\times1}\times5\times4\times3\times2\times1=24\ 000(\text{种}).$$

注意

研究实际问题的时候,一定要注意区别是否允许元素重复,是否要求有序.

例 14 某城市的电话号码是从 0,1,2,3,4,5,6,7,8,9 中取 8 个数字组成(允许数字重复),但 0 和 1 不能作为电话号码的首位数.问该城市最多可以装多少部电话?

分析 将一个电话号码的组成分成两个步骤.第一步,选首位数字,从 2,3,4,

5,6,7,8,9 中取 1 个数;第二步,从第 2 位至第 8 位,每个位置填入上述 10 个数字中的任意一个数.再根据分步计数原理计算.

解 该城市最多可以装电话的数量为

$$C_8^1 C_{10}^1 C_{10}^1 C_{10}^1 C_{10}^1 C_{10}^1 C_{10}^1 C_{10}^1 = 8\times10^7 = 80\ 000\ 000(\text{部}).$$

练习 4.1.4

1. 平面内有 8 个点.

(1) 以其中每 2 个点为端点的线段共有多少条?

(2) 以其中每 2 个点为端点的有向线段共有多少条?

2. 某城市的电话号码是由 0 到 9 中的 7 个数字组成(允许重复),问该城市最多可以装多少部电话?

3. 有 11 个队参加的篮球比赛分成两个阶段进行.第一阶段,分成 2 个小组,第 1 小组 5 个队,第 2 小组 6 个队,各组都进行单循环比赛;第二阶段,各组的前两名进行单循环比赛确定冠、亚军.问共需要多少场比赛?

4. 袋中共有 10 个不同颜色的球,其中白色球有 8 个,红色球有 2 个.从中任意取出 3 个球,

(1) 取出的 3 个球全部是白色球的取法共有多少种?

(2) 取出的 3 个球中恰好有 1 个是红色球的方法共有多少种?

(3) 取出的 3 个球中至少有 1 个是红色球的方法共有多少种?

习题 4.1

1. 两个袋子中分别装有 3 个红色球和 3 个白色球.从中取出 1 个红色球和 1 个白色球,共有多少种方法?

2. 用数字 0、1、2 可以组成多少个 3 位数?

3. 计算:

(1) P_7^3; (2) C_{300}^{298}; (3) $C_{12}^8+C_{12}^7$.

4. (1) 过新年时,12 名学生中每 2 个人之间都要互送 1 张贺年卡,问共送出多少张贺年卡?

(2) 12 名学生中,每 2 个人之间互相握手 1 次,问共握手多少次?

5. 从 5 名男生和 4 名女生中,各选出 2 名学生担任四门不同课程的课代表,共有多少种不同的选法?

6. 某班有 30 名学生,其中班长、副班长各 1 名,现选派 4 名学生参加某种课外活动.

(1) 如果班长与副班长都可以参加,共有多少种不同的选法?

(2) 如果班长与副班长只能有 1 个人参加,共有多少种不同的选法?

(3) 如果班长与副班长都不能参加,共有多少种不同的选法?

(4) 如果班长与副班长至少有 1 个人参加,共有多少种不同的选法?

7. 在 50 件产品中,有 4 件次品.现从中任意抽取 3 件,

(1) 抽取的 3 件产品“全部是合格品”的不同抽取方法共有多少种?

(2) 抽取的 3 件产品中“恰有 2 件次品”的不同抽取方法共有多少种?

(3) 抽取的 3 件产品中“最多有 1 件次品”的不同抽取方法共有多少种?

8. 从 1、3、5、7、9 中任取 3 个数字,从 2、4、6、8 中任取 2 个数字,一共可以组成多少个没有重复数字的五位数? 其中能被 5 整除的五位数有多少个?

9. 一种密码锁的密码由 1 到 9 中的 6 个数字组成(允许重复),可以组成多少个密码?

4.2 二项式定理

我们知道,如果 a,b 是任意实数,那么

$$(a+b)^2=a^2+2ab+b^2,$$

$$(a+b)^3=a^3+3a^2b+3ab^2+b^3.$$

下面计算

$$(a+b)^4=(a+b)(a+b)(a+b)(a+b).$$

显然,计算结果中的各项都是从每个括号里任取一个字母的乘积,因而各项都是 4 次式,其所含字母的形式分别为

$$a^4,\quad a^3b,\quad a^2b^2,\quad ab^3,\quad b^4$$

在上面 4 个括号中,每个都不取 b 的情况有 1 种,即 C_4^0 种,所以 a^4 的系数是 C_4^0;恰有 1 个取 b 的情况有 C_4^1 种,所以 a^3b 的系数是 C_4^1;恰有 2 个取 b 的情况有 C_4^2 种,所以 a^2b^2 的系数是 C_4^2;恰有 3 个取 b 的情况有 C_4^3 种,所以 ab^3 的系数是 C_4^3;恰

科学是没有国界的,因为它是属于全人类的财富,是照亮世界的火把,但科学家是属于国家的.

——巴斯德

有 4 个取 b 的情况有 C_4^4 种，所以 b^4 的系数是 C_4^4.

因此

$$(a+b)^4=C_4^0a^4+C_4^1a^3b+C_4^2a^2b^2+C_4^3ab^3+C_4^4b^4.$$

利用这种方法可以得到二项式定理：

设 a，b 是任意实数，n 是任意给定的正整数，则

$$(a+b)^n=C_n^0a^n+C_n^1a^{n-1}b+\cdots+C_n^ma^{n-m}b^m+\cdots+C_n^nb^n \tag{4.9}$$

公式(4.9)右边的多项式叫做 $(a+b)^n$ 的**二项展开式**，共有 $n+1$ 项，其中每一项的系数 $C_n^m(m=0,1,2,\cdots,n)$ 叫做该项的**二项式系数**，第 $m+1$ 项 $C_n^ma^{n-m}b^m$ 叫做二项式的**通项**.记作 T_{m+1}，由公式(4.9)可看出，二项展开式的通项为

$$T_{m+1}=C_n^ma^{n-m}b^m \tag{4.10}$$

由二项式定理可以得到：

$(a+b)^1$………… 1 1

$(a+b)^2$………… 1 2 1

$(a+b)^3$………… 1 3 3 1

$(a+b)^4$………… 1 4 6 4 1

$(a+b)^5$………… 1 5 10 10 5 1

…… ……

数学家杨辉

上述二项式系数列成的表，称为杨辉三角，是我国宋朝时期的数学家杨辉于 1261 年所著《详解九章算法》中列出的图表.

可以看出二项式系数具有下列性质：

(1) 每一行的两端都是 1，其余每个数都是它“肩上”两个数的和；

(2) 每一行中与首末两端“等距离”的两个数相等；

(3) 如果二项式 $(a+b)^n$ 的幂指数 n 是偶数，那么它的展开式中间一项的二项式系数最大；如果 n 是奇数，那么它的展开式中间两项的二项式系数最大并且相等.

说明

要区别二项展开式中，某项的二项式系数与这一项的系数，它们是两个不同的概念.如本例中第 4 项为 $T_4=C_9^3x^{9-3}(-2)^3$，其二项式系数是 $C_9^3=84$；而第 4 项的系数是指 x^6 的系数 $C_9^3(-2)^3=-672$.

例 1 写出 $(a+b)^5$ 的展开式.

解 由于 $C_5^0=1$，$C_5^1=C_5^4=5$，$C_5^2=C_5^3=10$，$C_5^5=1$.所以

$$\begin{aligned}(a+b)^5&=C_5^0a^5+C_5^1a^4b+C_5^2a^3b^2+C_5^3a^2b^3+C_5^4ab^4+C_5^5b^5\\&=a^5+5a^4b+10a^3b^2+10a^2b^3+5ab^4+b^5.\end{aligned}$$

例 2 求 $(x-2)^9$ 的二项展开式中 x^6 的系数.

解 $(x-2)^9$的展开式的通项公式为

$$T_{m+1}=C_9^m x^{9-m}(-2)^m=C_9^m\times(-1)^m\times2^m\times x^{9-m}.$$

由$9-m=6$，得$m=3$.即二项展开式中含x^6的项为第4项.故这一项的系数是

$$C_9^3\times(-1)^3\times2^3=\frac{9\times8\times7}{3\times2\times1}\times(-8)=-672.$$

例3 求$\left(\sqrt{x}+\frac{1}{\sqrt{x}}\right)^{10}$的二项展开式的常数项.

解 由于$T_{m+1}=C_{10}^m(\sqrt{x})^{10-m}\left(\frac{1}{\sqrt{x}}\right)^m=C_{10}^m x^{\frac{10-m}{2}-\frac{m}{2}}$，故

$$\frac{10-m}{2}-\frac{m}{2}=0.$$

解得

$$m=5.$$

所以二项式展开式中第6项是常数项，为

$$C_{10}^5=\frac{10\times9\times8\times7\times6}{5\times4\times3\times2\times1}=252.$$

说明

首先求出公式中字母m的取值，从而确定要求的是哪一项，最后根据公式写出该项，是解决这类问题的一般方法.

练习 4.2

1. 求下列各式的展开式：

(1) $(1+x)^8$；　(2) $\left(x-\frac{1}{x}\right)^6$；

(3) $(2a+b)^5$；　(4) $\left(\frac{\sqrt{x}}{2}-\frac{2}{\sqrt{x}}\right)^4$.

2. 求$(a+3b)^7$的展开式的第4项及含有a^2b^5的项.

3. 求$(x-2y)^{10}$的展开式中二项式系数最大的项.并指出这项的二项式系数.

习题 4.2

1. 选择题

(1) $(x-1)^{10}$的展开式的第6项的系数是(　　).

A. C_{10}^6　B. $-C_{10}^6$　C. C_{10}^5　D. $-C_{10}^5$

(2) $(1+x)^{2n}(n\in\mathbf{N}^*)$的展开式中，系数最大的项是(　　).

A. 第$\frac{n}{2}+1$项　B. 第n项

C. 第 $n+1$ 项　　D. 第 n 项与第 $n+1$ 项

2. 填空题

(1) $(x^3+2x)^7$ 的展开式中，第 4 项的二项式系数是________，第 4 项的系数是________.

(2) $(a+b)^9$ 的展开式中，各项二项式系数的最大值是________.

(3) 在 $(1-2x)^9$ 的展开式中，第 6 项是________.

(4) $\left(x+\dfrac{1}{x}\right)^{10}$ 的展开式中，第________项为常数项.

3. 求 $\left(\dfrac{\sqrt{x}}{3}+\dfrac{3}{\sqrt{x}}\right)^{12}$ 的展开式的中间一项.

4. 求 $\left(x-\dfrac{1}{\sqrt[3]{x}}\right)^{12}$ 的展开式中的常数项.

5. 求 $(x-\sqrt{3})^{10}$ 的展开式中含 x^6 的项的系数.

6. 若 $\left(x-\dfrac{1}{x}\right)^n$ 的展开式的第 4 项为含 x^3 的项，求 n 的值.

4.3　离散型随机变量及其分布

4.3.1　离散型随机变量

在基础模块第 10 章中，我们用事件来描述随机现象，讨论了事件发生的统计规律性.为了更深入地研究随机现象，需要把随机试验结果数量化，也就是用变量来描述随机试验的各种结果.

先来看下面的问题：

设有 5 件产品，其中含 2 件次品，从中任意抽取 3 件进行检验，求抽得的产品中所含的次品数.

我们知道，抽得的产品中所含的次品数在抽样前是无法预先确定的.随着不同的抽样，抽得产品中所含的次品数会有所变化，可能是 0，也可能是 1，还可能是 2. 所以说，5 件产品中，从中任意抽取 3 件，抽得产品中所含的次品数是一个可以取 0，1，2 数值的变量.

如果随机试验的结果可以用一个变量的取值来表示，这个变量取值带有随机性，并且取这些值的概率是确定的，那么这个变量叫做**随机变量**，通常用小写希腊字母 ξ、η 等表示（或用大写字母 X、Y、Z 等表示）.

例如，某人射击一次，命中的"环数"，是可能取 0，1，2，3，…，10 这些数值的变量.

随机变量按照其取值状态的不同，一般常见的有两类. 一类是像上面的产品抽样中所含的次品数或射击命中的环数那样，随机变量的所有可能取的值，可以一一列出，这种随机变量叫做**离散型随机变量**.

还有一类随机变量，其所取值不能一一列出，而是连续地充满某个区间. 这种随机变量叫做**连续型随机变量**. 如，某人等汽车的时间是个随机变量，如果每两辆公交汽车间隔最长不超过 20 min，那么，这个随机变量可以取区间 $[0,20)$ 内的一切值.

对于随机变量，不仅要知道它可能取的值，还要知道它取这些值的概率.

任何人都承认试验是科学之母，这是确定不移的真理，谁也不会否认.

——米丘林

在上面的问题中，表示次品数的随机变量 ξ 的可能取值是 0，1，2. 取得这些值的概率分别为

$$P(\xi=0)=\frac{C_3^3\cdot C_2^0}{C_5^3}=\frac{1}{10},$$

$$P(\xi=1)=\frac{C_3^2\cdot C_2^1}{C_5^3}=\frac{6}{10},$$

$$P(\xi=2)=\frac{C_3^1\cdot C_2^2}{C_5^3}=\frac{3}{10}.$$

将 ξ 可能取的值及相应的概率列成下面的表.

ξ	0	1	2
P	$\frac{1}{10}$	$\frac{6}{10}$	$\frac{3}{10}$

这个表指出了随机变量在随机试验中取值的概率分布状况.

离散型随机变量 ξ 的所有可能取值 $x_1, x_2, x_3, \cdots$ 与其对应的概率

$$P(\xi=x_i)=p_i \quad (i=1,2,3,\cdots)$$

所组成的表

ξ	x_1	x_2	…	x_i	…
P	p_1	p_2	…	p_i	…

叫做**离散型随机变量 ξ 的概率分布**(或**分布列**).

由概率的性质知道,离散型随机变量的概率分布具有下列性质:

(1) $p_i \geqslant 0(i=1,2,3,\cdots)$;

(2) $p_1+p_2+p_3+\cdots=1$.

离散型随机变量的概率分布确定后,不仅可以知道它的各个可能取值及取得这些值的概率,而且还可以求出它在某个范围内取值的概率,所以离散型随机变量的概率分布描述了相应的随机事件.

计算离散型随机变量的概率分布的主要步骤为:

(1) 写出随机变量的所有取值;

(2) 计算出各个取值对应的随机事件的概率;

(3) 列出表格.注意验证 $p_i \geqslant 0(i=1,2,3,\cdots)$ 与 $p_1+p_2+p_3+\cdots=1$.

注 意

描述离散型随机变量的概率分布有两个要素.一个要素是它的所有可能取值,另一个要素是取这些值的概率.

例 1 将一枚质地均匀的硬币投掷一次,求出现正面次数 ξ 的概率分布.

解 由于只能出现正面和反面两种结果,所以随机变量 ξ 的可能取值只有 0 和 1.并且

$$P(\xi=0)=\frac{1}{2},\quad P(\xi=1)=\frac{1}{2}.$$

所以 ξ 的概率分布为

ξ	0	1
P	$\frac{1}{2}$	$\frac{1}{2}$

说 明

一般地,只取 0 和 1 两个值的随机变量所服从的概率分布叫做两点分布,或 0-1 分布.

例 2 某小组有 6 名男生与 4 名女生,任选 3 个人去参观某展览,求所选 3 个人中男生数目 ξ 的概率分布.

解 随机变量 ξ 的所有可能取值为 0,1,2,3.并且

$$P(\xi=0)=\frac{C_6^0 \cdot C_4^3}{C_{10}^3}=\frac{1}{30},\quad P(\xi=1)=\frac{C_6^1 \cdot C_4^2}{C_{10}^3}=\frac{3}{10},$$

$$P(\xi=2)=\frac{C_6^2 \cdot C_4^1}{C_{10}^3}=\frac{1}{2},\quad P(\xi=3)=\frac{C_6^3 \cdot C_4^0}{C_{10}^3}=\frac{1}{6}.$$

所以 ξ 的概率分布为

ξ	0	1	2	3
P	$\frac{1}{30}$	$\frac{3}{10}$	$\frac{1}{2}$	$\frac{1}{6}$

练习 4.3.1

1. 在下面的随机试验中，选择随机变量，并指出随机变量的所有可能取值：

(1) 抛掷均匀硬币一次；

(2) 从含有 2 件次品的 10 件产品中，选取 3 件产品.

2. 写出下列随机试验中随机变量 ξ 的概率分布：

(1) 从含有 2 件次品的 10 件产品中，选取 3 件产品，取得正品的个数为 ξ；

(2) 从含有 2 件次品的 10 件产品中，选取 3 件产品，取得次品的个数为 ξ.

3. 下列表格是否为某个随机变量的概率分布：

(1)

ξ	−1	0	1	2	3
P	0.2	0.2	0.3	0.3	0.2

(2)

ξ	−1	0	1
P	−0.2	0.8	0.4

(3)

ξ	1	2	3	4	5
P	0.1	0.3	0.2	0.3	0.1

4.3.2 离散型随机变量的数字特征

在 1 000 次重复试验中，离散型随机变量 ξ 取值为 100 有 300 次，取值 200 有 700 次，即事件“$\xi=100$”发生的频率为 0.3，事件“$\xi=200$”发生的频率为 0.7. 则离

散型随机变量 ξ 的概率分布为

ξ	100	200
P	0.3	0.7

这里，随机变量 ξ 的取值只有 100 和 200.能认为 ξ 的平均取值为 $\frac{1}{2}(100+200)=150$ 吗？显然是不能.因为 ξ 取值 100 和 ξ 取值 200 的可能性是不同的.

ξ 取值为 100 有 300 次，取值 200 有 700 次，故 ξ 的平均取值应该是

$$\frac{1}{1\ 000}(100\times300+200\times700)=100\times0.3+200\times0.7=170.$$

一般地，设离散型随机变量 ξ 的所有取值为有限个值 $x_1,x_2,x_3,\cdots,x_n$，其概率分布为

ξ	x_1	x_2	x_3	$\cdots$	x_n
P	p_1	p_2	p_3	$\cdots$	p_n

加权平均数

则将

$$x_1p_1+x_2p_2+x_3p_3+\cdots+x_np_n$$

叫做离散型随机变量 ξ 的**均值**(或**数学期望**)，记作 $E(\xi)$.即

$$E(\xi)=x_1p_1+x_2p_2+x_3p_3+\cdots+x_np_n \tag{4.11}$$

将

$$(x_1-E(\xi))^2p_1+(x_2-E(\xi))^2p_2+(x_3-E(\xi))^2p_3+\cdots+(x_n-E(\xi))^2p_n$$

叫做离散型随机变量 ξ 的**方差**，记作 $D(\xi)$.即

$$D(\xi)=(x_1-E(\xi))^2p_1+(x_2-E(\xi))^2p_2+(x_3-E(\xi))^2p_3+\cdots+(x_n-E(\xi))^2p_n \tag{4.12}$$

离散型随机变量的均值反映出随机变量取值的平均水平，方差反映出离散型随机变量 ξ 的可能取值与它的均值的偏离程度.可以证明：

$$D(\xi)=E(\xi^2)-(E(\xi))^2 \tag{4.13}$$

其中 $$E(\xi^2)=x_1^2p_1+x_2^2p_2+x_3^2p_3+\cdots+x_n^2p_n.$$

方差的算术平方根 $\sqrt{D(\xi)}$ 叫做随机变量的**标准差**.

例 3 某工厂生产一批商品，其中一等品占$\frac{1}{2}$，每件一等品获利 3 元；二等品占$\frac{1}{3}$，每件二等品获利 1 元；次品占$\frac{1}{6}$，每件次品亏损 2 元.设 ξ 为任一件商品的获利金额（单位：元），求：

（1）随机变量 ξ 的概率分布；

（2）随机变量 ξ 的均值；

（3）随机变量 ξ 的方差.

解 （1）随机变量 ξ 的所有取值为$-2,1,3$，取这些值的概率依次为$\frac{1}{6},\frac{1}{3},\frac{1}{2}$.故其概率分布为

ξ	-2	1	3
P	$\frac{1}{6}$	$\frac{1}{3}$	$\frac{1}{2}$

（2）$E(\xi)=(-2)\times\frac{1}{6}+1\times\frac{1}{3}+3\times\frac{1}{2}=\frac{3}{2}$，故变量 ξ 的均值为 1.5，即每件商品平均获利 1.5 元.

（3）因为 $E(\xi^2)=(-2)^2\times\frac{1}{6}+1^2\times\frac{1}{3}+3^2\times\frac{1}{2}=\frac{11}{2}$，所以

$$D(\xi)=E(\xi^2)-(E(\xi))^2=\frac{11}{2}-\left(\frac{3}{2}\right)^2=\frac{13}{4}.$$

说明

概率分布是对离散型随机变量所有取值的一种概率描述，均值和方差反映出随机变量的一些特征指标，一般称为随机变量的数字特征.

练习 4.3.2

已知离散型随机变量 ξ 的概率分布为

ξ	1	2	3
P	$\frac{1}{2}$	$\frac{1}{3}$	$\frac{1}{6}$

求随机变量 ξ 的均值与方差.

习题 4.3

1. 从编号为 1,2,…,10 的 10 个大小相同的球中,任取一个球,求所取球的号码的概率分布.

2. 篮球运动员在比赛中每次罚球命中得 1 分,罚球没有命中得 0 分.已知某运动员罚球命中的概率为 0.7,求他罚球 1 次的得分的概率分布.

3. 某商店销售某种水果,进货后第一天售出的概率为 60%,每 500 g 的毛利为 6 元;第二天售出的概率为 30%,每 500 g 的毛利为 2 元;第三天售出的概率为 10%,每 500 g 的毛利为−1 元.求销售此种水果每 500 g 所得毛利 ξ 的概率分布.

4. 某小组有 6 名男生与 4 名女生,任选 4 个人去参观,求所选 4 个人中女生人数 ξ 的概率分布.

5. 已知离散型随机变量 ξ 的概率分布为

ξ	−2	−1	1	3
P	$\frac{1}{2}$	$\frac{1}{6}$	$\frac{1}{4}$	$\frac{1}{12}$

求随机变量 ξ 的均值与方差.

6. 一批产品中含有一、二、三等品,等外品及废品,生产这批产品时这 5 等产品相应的概率依次为 0.7,0.1,0.1,0.06 和 0.04.如果其产值分别为 6 元,5.4 元,5 元,4 元和 0 元,求这批产品的平均产值.

4.4 二项分布

4.4.1 独立重复试验及其概率

先来做一个试验.

袋中有 5 个乒乓球,其中 3 个黄球,2 个白球,连续抽取 5 次,每次抽取出一个球观察后将球放回，再重新抽取，这种抽取方式叫做有放回的抽取.很明显每一次抽取的结果对其他次抽取的结果是没有影响的.

一般地，在相同的条件下，重复进行 n 次试验，如果每次试验的结果与其他各次试验的结果无关，那么这 n 次重复试验叫做 **n 次独立重复试验**.

采用“有放回”的抽取，从袋中连续 5 次抽取球的试验就是 5 次独立重复试验.

观察上面的试验，每次试验的可能结果只有两个(黄球、白球)，并且两个结果是相互独立的(即各个事件发生的概率互相没有影响).

一般地，在 n 次独立试验中，如果每次试验的可能结果只有两个，且它们相互对立，即只考虑两个事件 A 和 $\overline{A}$，并且在每次试验中，事件 A 发生的概率都不变.这样的 n 次独立试验叫做 **n 次伯努利试验.**

可以证明(证明略)，如果在每次试验中事件 A 发生的概率为 $P(A)=p$，则事件 A 不发生的概率 $P(\overline{A})=1-p$，那么，在 n 次伯努利试验中，事件 A 恰好发生 k 次的概率为

$$P_n(k)=\mathrm{C}_n^k p^k(1-p)^{n-k} \tag{4.14}$$

这个公式叫做伯努利公式，其中 $k=0,1,2,\cdots,n$.

事件的独立性

说明

n 次伯努利试验中，事件 A 恰好发生 k 次的概率公式形式上可以看成是二项式

$[(1-p)+p]^n$

展开式中的第 $k+1$ 项.

例 1 某气象站天气预报的准确率为 80%.计算(结果保留两位有效数字)：

(1) 5 次预报中恰有 4 次准确的概率；

(2) 5 次预报中至少有 4 次准确的概率.

解 预报 5 次相当于做 5 次独立重复试验.记 $A=\{$预报 1 次，结果正确$\}$，则

$$P(A)=p=0.8.$$

(1) 5 次预报中恰有 4 次准确的概率为

$$P_5(4)=\mathrm{C}_5^4\times0.8^4\times(1-0.8)^{5-4}=5\times0.8^4\times0.2\approx0.41.$$

(2) 5 次预报中至少有 4 次准确的概率是恰有 4 次准确的概率与 5 次预报都准确的概率的和.即

$$P=P_5(4)+P_5(5)$$

$$=C_5^4\times0.8^4\times(1-0.8)^{5-4}+C_5^5\times0.8^5\times(1-0.8)^{5-5}$$

$$=5\times0.8^4\times0.2+0.8^5\approx0.74.$$

练习 4.4.1

1. 某射手射击 1 次，击中目标的概率是 0.9，他射击 4 次恰好击中 3 次的概率是多少?

2. 生产某种零件，出现次品的概率是 0.04，现要生产 4 件这种零件，求：

(1) 其中恰有 1 件次品的概率；

(2) 至多有 1 件次品的概率.

4.4.2 二项分布

下面来看一个问题：设 100 件产品中有 3 件不合格品，每次从中抽取一件，有放回地抽取三次，抽到不合格品的次数用 ξ 表示，求离散型随机变量 ξ 的概率分布.

由于是有放回的抽取，所以这种抽取是独立的重复试验.随机变量 ξ 的所有取值为：0，1，2，3.显然，对于一次抽取，抽到不合格品的概率为 0.03，抽到合格品的概率为 1−0.03.于是 $\xi=0,\xi=1,\xi=2,\xi=3$ 的概率(仅写到组合数形式)分别为：

$$P(\xi=0)=C_3^0\times0.03^0\times(1-0.03)^3,\quad P(\xi=1)=C_3^1\times0.03\times(1-0.03)^2,$$

$$P(\xi=2)=C_3^2\times0.03^2\times(1-0.03),\quad P(\xi=3)=C_3^3\times0.03^3\times(1-0.03)^0.$$

所以，随机变量 ξ 的概率分布为

ξ	0	1	2	3
P	$C_3^0\times0.03^0\times(1-0.03)^3$	$C_3^1\times0.03\times(1-0.03)^2$	$C_3^2\times0.03^2\times(1-0.03)$	$C_3^3\times0.03^3\times(1-0.03)^0$

一般地，如果在一次试验中某事件 A 发生的概率是 p，随机变量 ξ 为 n 次独立试验中事件 A 发生的次数，那么随机变量 ξ 的概率分布为：

ξ	0	1	…	k	…	n
P	$C_n^0p^0(1-p)^n$	$C_n^1p^1(1-p)^{n-1}$	…	$C_n^kp^k(1-p)^{n-k}$	…	$C_n^np^n(1-p)^0$

其中 $0<p<1,k=0,1,2,\cdots,n$.

我们将这种形式的离散型随机变量 ξ 的概率分布叫做**二项分布**.并称随机变量 ξ 服从**参数为 n、p 的二项分布**,记为 $\xi\sim B(n,p)$.

可以看到,二项分布中的各个概率值,形式上依次是二项式 $[(1-p)+p]^n$ 的展开式中的各项.第 $k+1$ 项 T_{k+1} 为 $P_n(k)=C_n^kp^k(1-p)^{n-k}$.

二项分布是以伯努利试验为背景的重要分布,有着广泛的应用.

在实际问题中,如果 n 次试验相互独立,且各次试验是重复试验,每次试验中事件 A 发生的概率都是 $p(0<p<1)$,那么事件 A 发生的次数 ξ 是一个离散型随机变量,服从参数为 n、p 的二项分布.

例 2 口袋里装有 4 个黑球与 1 个白球,每次任取一个球,观察后放回再重新抽取.求三次抽取中恰好有 2 个黑球的概率.

解 由于是有放回的抽取,所以 3 次抽取是相互独立的.而且是在相同条件下进行的重复试验.每次抽取中,取到黑球的概率都是 $p=\frac{4}{5}$,取到的不是黑球的概率都是 $q=\frac{1}{5}$.三次抽取,取到黑球的个数 ξ 是一个离散型随机变量,服从参数 $n=3$,$p=\frac{4}{5}$ 的二项分布.即

$$\xi\sim B\left(3,\frac{4}{5}\right).$$

事件 $\xi=2$ 表示抽取 3 次所取到的球恰好有 2 个黑球.其概率为

$$P(\xi=2)=C_3^2p^2q=3\times\left(\frac{4}{5}\right)^2\times\frac{1}{5}=\frac{48}{125},$$

即抽取 3 次所取到的球恰好有 2 个黑球的概率为 $\frac{48}{125}$.

例 3 在人寿保险中,设一个投保人活到 65 岁的概率为 0.6,求三个投保人中活到 65 岁的人数 ξ 的概率分布.

解 记 $A=\{$一个投保人活到 65 岁$\}$,则 $\overline{A}=\{$一个投保人活不到 65 岁$\}$.于是

$$P(A)=0.6,\quad P(\overline{A})=1-0.6=0.4.$$

且随机变量 $\xi \sim B(3,0.6)$.因此

$$P_3(3)=C_3^3\times0.6^3\times(1-0.6)^0=0.216,$$
$$P_3(2)=C_3^2\times0.6^2\times(1-0.6)^1=0.432,$$
$$P_3(1)=C_3^1\times0.6^1\times(1-0.6)^2=0.288,$$
$$P_3(0)=C_3^0\times0.6^0\times(1-0.6)^3=0.064.$$

所以,三个投保人中活到 65 岁的人数 ξ 的概率分布为

ξ	0	1	2	3
P	0.064	0.288	0.432	0.216

在产品抽样检验中,如果抽样是有放回的,那么抽取 n 件检验,就相当于做 n 次独立重复试验,因此在有放回的抽样检验中,抽出的 n 件产品中所含次品件数 ξ 的概率分布是二项分布.

当产品的数量相当大,而且抽取产品数目又很小的条件下,可以将不放回抽取近似看做有放回抽取.例如,在含有 4 件次品的 1 000 件产品中,任取 4 件(每次取 1 件,取后不放回),由于产品的数量相当大,每次只抽取 1 件,所以可以将取后不放回抽取近似地看做取后放回抽取,从而抽取 4 件可以近似地看做 4 次独立重复试验.将抽取的次品数作为随机变量 ξ,则 $\xi \sim B(4,0.004)$.

可以证明(证明略),如果离散型随机变量 ξ 服从参数为 n、p 的二项分布,即 $\xi \sim B(n,p)$,则其均值与方差分别为

$$E(\xi)=np;D(\xi)=npq,\quad (p+q=1).$$

练习 4.4.2

1. 某连锁总店每天向 10 家商店供应货物,每家商店订货与否相互独立,且每家商店订货的概率都是 0.4,求 10 家商店中订货商店家数 ξ 的概率分布.

2. 口袋里装有 4 个黑球与 1 个白球,每次任取 1 个球,有放回地取 3 次,求所取过的 3 个球中恰有两个黑球的概率.

3. 设离散型随机变量 $\xi \sim B(10,0.4)$,求出其均值与方差.

习题 4.4

1. 口袋里有 4 个红球与 2 个白球，每次任取 1 个球，有放回地取 4 次，求恰好有 3 次取到红球的概率.

2. 已知事件 A 在一次试验中发生的概率为 0.7，求在 4 次独立重复试验中，事件 A 恰好发生 2 次的概率.

3. 篮球运动员在比赛中每次罚球命中得 1 分，罚不中得 0 分，已知某运动员罚球的命中率为 0.7，求他罚球 2 次得分 ξ 的概率分布.

4. 某炮兵向同一个目标开了 3 炮，每次击中目标的概率均为 0.5，求击中目标的次数 ξ 的概率分布，并写出其均值与方差.

5. 将一枚均匀的硬币投掷 6 次，求

(1) 恰好出现 2 次正面的概率；

(2) 至少出现 5 次正面的概率；

(3) 出现正面次数的均值；

(4) 出现正面次数的方差.

一切才能都要靠知识来营养，这样才有施展才能的力量.

——歌德

4.5 正态分布

为了了解学校女学生的身体发育情况，在某校 16 岁的女生中，选出 60 名学生进行身高测量，结果如下(单位：cm)：

167	154	159	166	169	159	156	166	162	158
159	156	166	160	164	160	157	151	157	161
158	158	153	158	164	158	163	158	153	157
162	162	159	154	165	166	157	151	146	151
158	160	165	158	163	163	162	161	154	165
162	162	159	157	159	149	164	168	159	153

下面根据这些数据绘制频率分布直方图.

（1）上述 60 个数据中，最大值为 169，最小值为 146. 它们的差 169－146＝23. 取组距为 3，由于$\frac{23}{3}=7\frac{2}{3}$，故将全部数据分为 8 组. 为下列各区间：

[145.5, 148.5), [148.5, 151.5), [151.5, 154.5), [154.5, 157.5),
[157.5, 160.5), [160.5, 163.5), [163.5, 166.5), [166.5, 169.5).

（2）计算出各组的频数、频率，列出频率分布表：

分组	个数累计	频数	频率
[145.5，148.5)	一	1	0.017
[148.5，151.5)	下	3	0.050
[151.5，154.5)	正一	6	0.100
[154.5，157.5)	正下	8	0.133
[157.5，160.5)	正正正下	18	0.300
[160.5，163.5)	正正一	11	0.183
[163.5，166.5)	正正	10	0.167
[166.5，169.5)	下	3	0.050
合计		60	1.000

（3）绘制频率分布直方图（图 4－3）：

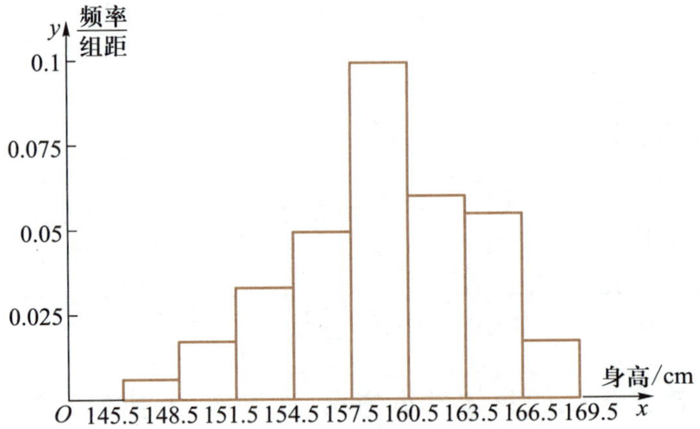

图 4－3

由频率分布直方图可以看出，该校 16 岁女生的身高分布状况具有“中间高、两头低、左右对称”的特点，即身高在 157.5 cm 至 160.5 cm 的人数最多，越往左右两边区间内的人数越少，且左右两边近似对称.

样本容量增大，所分组数会相应增多，频率分布直方图中的小矩形就变窄.设想如果样本容量无限增大，且分组的组距无限缩小，那么连接频率分布直方图所有的小矩形的上端的折线会无限地接近于一条光滑曲线 $y=f(x)$，我们把这条曲线叫做**概率密度曲线**(图 4-4).

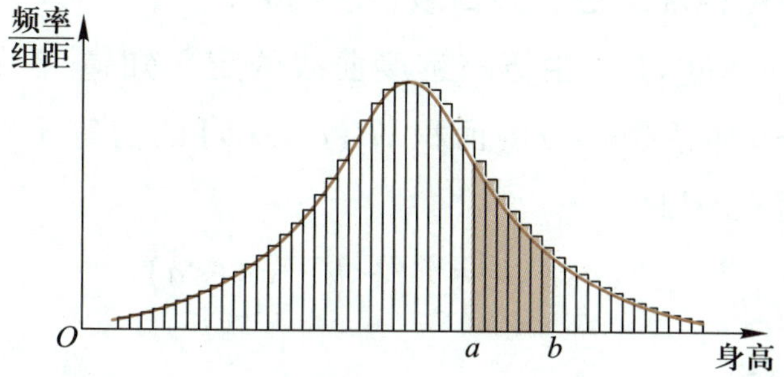

图 4－4

概率密度曲线精确地反映了随机变量 ξ 在各个范围内取值的规律.以这条曲线为图像的函数 $y=f(x)$ 叫做随机变量 ξ 的**概率密度函数**.

可以证明，如图 4-4 所示，ξ 在区间 (a,b) 内取值的概率 $P(a<\xi<b)$ 恰好为图中阴影部分图形的面积，ξ 在 $(-\infty,a)$ 取值的概率 $P(\xi<a)$ 恰好是位于曲线与 x 轴之间，直线 $x=a$ 左侧部分图形的面积.

一般的，如果随机变量 ξ 的概率密度函数是

$$f(x)=\frac{1}{\sqrt{2\pi}\sigma}e^{-\frac{(x-\mu)^2}{2\sigma^2}}\quad(-\infty<x<+\infty),$$

其中 μ、σ 是常数，且 $\sigma>0$，那么称 ξ 服从参数为 μ、σ^2 的**正态分布**，简记为 $\xi\sim N(\mu,\sigma^2)$，此时 ξ 的密度曲线称为**正态曲线**，ξ 称为**正态随机变量**.

如图 4-5 所示，正态曲线具有以下性质：

(1) 曲线在 x 轴的上方，并且关于直线 $x=\mu$ 对称；

(2) 曲线在 $x=\mu$ 时处于最高点，由这点向左、右两边延伸时，曲线逐渐降低，呈现"中间高，两头低"的形状；

(3) 曲线的对称轴位置由 μ 的值确定，曲线形状由 σ 的值确定，σ 越大，曲线越"矮胖"；σ 越小，曲线越"高瘦".

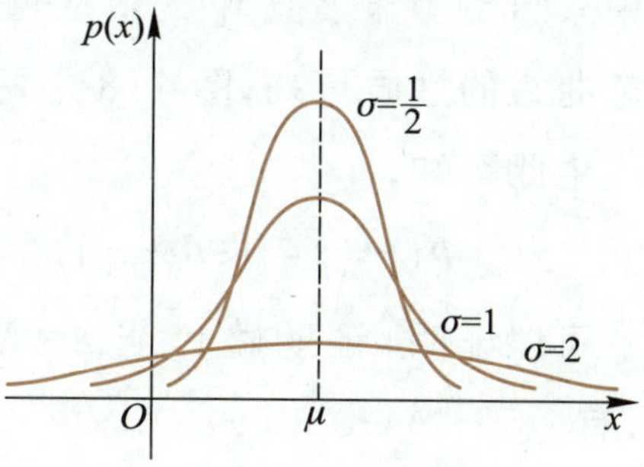

图 4－5

可以证明(证明略)，在参数为 μ、σ^2 的正态分布中，μ 为随机变量 ξ 的均值，σ^2 为随机变量 ξ 的方差，σ 为随机变量 ξ 的标准差.

$\mu=0,\sigma=1$ 的正态分布叫做**标准正态分布**，即 $\xi\sim N(0,1)$. 标准正态分布的密度函数为

$$f(x)=\frac{1}{\sqrt{2\pi}}\mathrm{e}^{-\frac{x^2}{2}}\quad(-\infty<x<+\infty).$$

相应的曲线叫做**标准正态分布曲线**(图 4-6).

设随机变量 $\xi\sim N(0,1)$. 由概率密度曲线的定义知道，任给区间 $(-\infty,a)$，$P(\xi<a)$ 的值为图 4-6 中阴影部分的面积. $P(a<\xi<b)$ 的值等于图 4-7 中阴影部分所表示的图形的面积. 因此

$$P(a<\xi<b)=P(\xi<b)-P(\xi<a).$$

说　明

由概率密度曲线的定义知道，$P(a<\xi<b)$ 的值等于图 4-7 中阴影部分所表示的图形的面积. 因此 $P(a<\xi<b)=P(a\leqslant\xi\leqslant b)=P(a\leqslant\xi<b)=P(a<\xi\leqslant b)=\Phi(b)-\Phi(a)$.

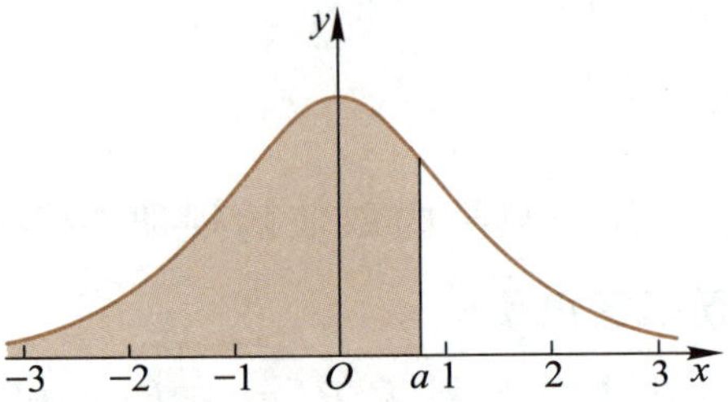

图 4-6

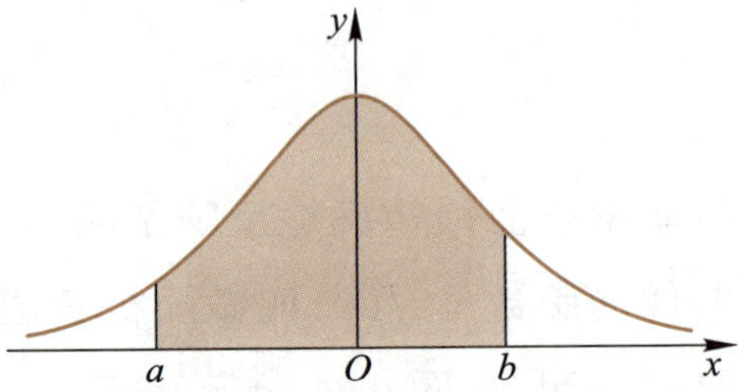

图 4-7

$P(\xi<x_0)$ 可以通过教材附录中“标准正态分布表”求出. 表中与 x_0 相对应的值 $\Phi(x_0)$ 就是随机变量 ξ 小于 x_0 的概率. 即

$$\Phi(x_0)=P(\xi<x_0).$$

因此当随机变量 $\xi\sim N(0,1)$ 时，

$$P(a<\xi<b)=\Phi(b)-\Phi(a).$$

由图 4-6 看到，标准正态分布曲线是关于 y 轴对称的. 因此在标准正态分布表中只给出了非负值 x_0 的对应值 $\Phi(x_0)$. 在实际计算中，如果 $x_0<0$，那么由标准正态曲线的性质可知，图 4-8 中两个阴影部分的面积是相等的.

由此可知，

$$\Phi(-x_0)=1-\Phi(x_0).$$

可以证明(证明略)，当 $\xi\sim N(\mu,\sigma^2)$ 时，有

$$P(\xi<x)=\Phi\left(\frac{x-\mu}{\sigma}\right).$$

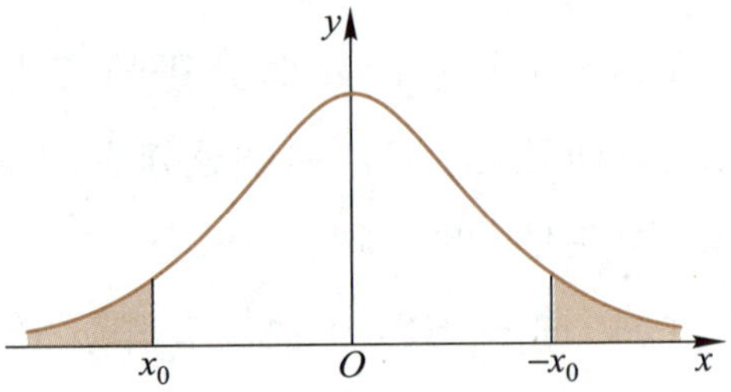

图 4-8

因此

$$P(a<\xi<b)=\Phi\left(\frac{b-\mu}{\sigma}\right)-\Phi\left(\frac{a-\mu}{\sigma}\right).$$

在实际问题中，经常会遇到正态分布. 例如：测量的误差、炮弹的落点、产品的

某项质量指标都服从正态分布.

例 1 已知 $\mu=1,\sigma=3$，求随机变量 ξ 取值小于 4 的概率.

解 因为 $\mu=1,\sigma=3$，故

$$P(\xi<4)=\Phi\left(\frac{4-1}{3}\right)=\Phi(1)=0.841\ 3.$$

例 2 已知随机变量 $\xi\sim N(0,1)$，求 $P(-1<\xi<0)$.

解

$$\begin{aligned}&P(-1<\xi<0)\\=&\Phi(0)-\Phi(-1)\\=&\Phi(0)-(1-\Phi(1))\\=&\Phi(0)+\Phi(1)-1\\=&0.5+0.841\ 3-1\\=&0.341\ 3.\end{aligned}$$

例 3 某厂加工一批零件，零件的直径 $\xi\sim N(40,4)$，单位：mm.

（1）求 $P(41<\xi<43)$；

（2）该厂某一周加工该零件 5 000 个，求直径在 41～43 mm 之间的零件的大约个数.

解 （1）因为 $\mu=40,\sigma=2$，故

$$\begin{aligned}P(41\leqslant\xi\leqslant43)&=\Phi\left(\frac{43-40}{2}\right)-\Phi\left(\frac{41-40}{2}\right)\\&=\Phi(1.5)-\Phi(0.5)=0.241\ 7.\end{aligned}$$

（2）由于加工零件的直径在 41～43 mm 之间的概率为 0.241 7，由概率的定义知，零件的个数大约为

$$0.241\ 7\times5\ 000=1\ 208.5\approx1\ 209.$$

经过推证和计算可以得到，正态分布在几个区间内取值的概率如图 4-9 所示.

由图中可以看出，正态随机变量在区间 $(\mu-2\sigma,\mu+2\sigma)$ 以外取值的概率小于 4.6%，在区间 $(\mu-3\sigma,\mu+3\sigma)$ 以外取值的概率小于 0.3%. 由于这些概率的值很小，通常称这类事件为**小概率事件**. 一般认为，小概率事件在一次试验中几乎是不可

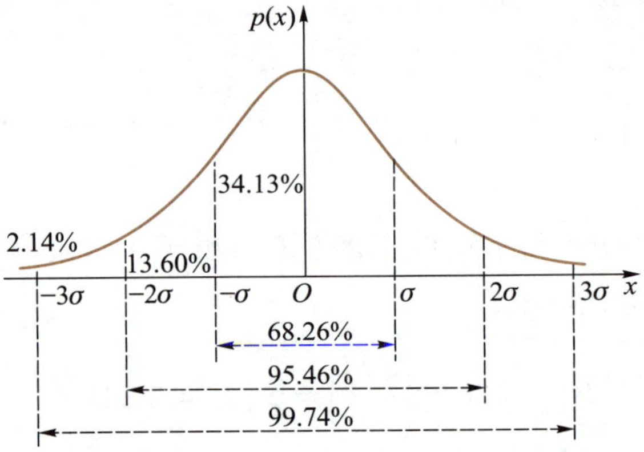

图 4－9

能发生的.

由此得到企业管理中质量控制的主要规则——“3σ 规则”.

根据这个规则，产品的质量指标应落在上、下管理限 $\mu-3\sigma$ 和 $\mu+3\sigma$ 之间. 可以通过抽样检查来判断生产过程是否出现异常.

例如，假设一个工人加工出的轴的直径尺寸 $\xi\sim N(\mu,\sigma^2)$，那么轴的直径尺寸在区间 $(\mu-3\sigma,\mu+3\sigma)$ 内取值的概率为 99.74%. 而落在区间 $(\mu-3\sigma,\mu+3\sigma)$ 以外的概率只有不到 0.3%. 这种小概率事件一旦发生，说明生产中可能出现了异常情况，应该停止生产查明原因，及时采取措施使生产恢复正常.

通过习题复习
总结正态分布

例 4 某灯具厂生产的某灯具的寿命为 ξ(单位：h)，已知 $\xi\sim N(1\ 000,30)$，要保证灯具的平均寿命为 1 000 h 的概率不小于 99.7%，应将灯具的寿命控制在多少小时以上？

解 已知 $\xi\sim N(1\ 000,30)$，而 ξ 在区间 $N(1\ 000-3\times\sqrt{30},1\ 000+3\times\sqrt{30})$，即 $(983.6,1\ 016.4)$ 内取值的概率为 99.7%，故应将灯具的寿命控制在 983. 6 h 以上.

练习 4.5

1. 设 $\xi\sim N(0,1)$，利用标准正态分布表，求随机变量 ξ 在下面区间内取值的概率：

(1) $(-0.5,1.5)$；　　(2) $(-1.96,1.96)$.

2. 设 $\xi\sim N(2,4)$，利用标准正态分布表，求随机变量 ξ 在下面区间内取值的概率：

(1) $(3,5)$；　　(2) $(1.2,3.4)$.

3. 某工厂生产某种型号的零件，设零件的质量 ξ（单位：kg）服从正态分布 $N(64,9)$，指出 ξ 的均值与方差.

习题 4.5

1. 某年级学生的身高 ξ（单位：cm）服从正态分布 $N(169,25)$. 指出 ξ 的均值与方差.

2. 设随机变量 $\xi\sim N(0,1)$，利用标准正态分布表，求随机变量 ξ 在下列区间内取值的概率：

(1) $(-1.2,3)$；　　(2) $(0.22,2.51)$；　　(3) $(1.3,+\infty)$.

3. 设随机变量 $\xi\sim N(3,4)$，利用标准正态分布表求：

(1) $P(2.3<\xi<4.1)$；　(2) $P(1.4<\xi\leqslant 5)$.

4. 某批袋装大米质量（单位：kg）服从正态分布 $N(10,0.01)$. 任选一袋大米，它的质量在 9.8 kg 至 10.2 kg 之间的概率是多少？

5. 某批零件的长度 $\xi\sim N(50,0.75^2)$（单位：cm）. 规定长度在 (50 ± 1.2) cm 之间的零件为合格品. 现从加工的零件中随机抽取 1 个零件，求这个零件是合格品的概率？

6. 某厂加工零件的外径 $\xi\sim N(8,0.15^2)$（单位：mm），分别从该厂上、下午生产的零件中各随机取出一个，测得它们的外径尺寸分别为 7.9 mm 和 7.5 mm. 于是认为上午生产情况是正常的，下午的生产情况是异常的. 得到这个结论的理由是什么？

4.6 用样本估计总体

信息时代，大到国家管理、科技发展，小到我们每个人的生活和工作，都离不开数据，离不开对数据的分析和研究.

我们在基础模块第 10 章中，学习了数据的采集——抽样方法；学习了对数据进行处理，研究一组数据在其各个小范围内所占比例的大小——频率分布，并画出频率分布直方图，直观地反映出样本的频率分布；还研究学习了一组数据的数字特征——均值与标准差（方差）.

下面研究如何用样本估计总体.

首先看一个实例：

某地区四所中职学校共 1 844 名学生参加数学学科水平考试，考试成绩如本章附录所示. 为了统计分析方便，我们选取了两个样本，其中样本一是采用“简单随机抽样”抽取的样本，容量为 30；样本二是采用分层抽样的方法抽取的样本，容量为 60.

下面分别对两个样本和总体数据进行研究，体验用样本估计总体的过程.

1. 用样本的频率分布估计总体的分布

分析样本一的数据，作出分析表和频率分布直方图(图 4-10)：

样本数	30
样本最大值	95
样本最小值	53
差	42
组距	10
分组数	4.2

数据分段	频数	频率	频率/组距
49.5~59.5	2	0.066 7	0.006 7
59.5~69.5	3	0.100 0	0.010 0
69.5~79.5	17	0.566 7	0.056 7
79.5~89.5	6	0.200 0	0.020 0
89.5~99.5	2	0.066 7	0.006 7

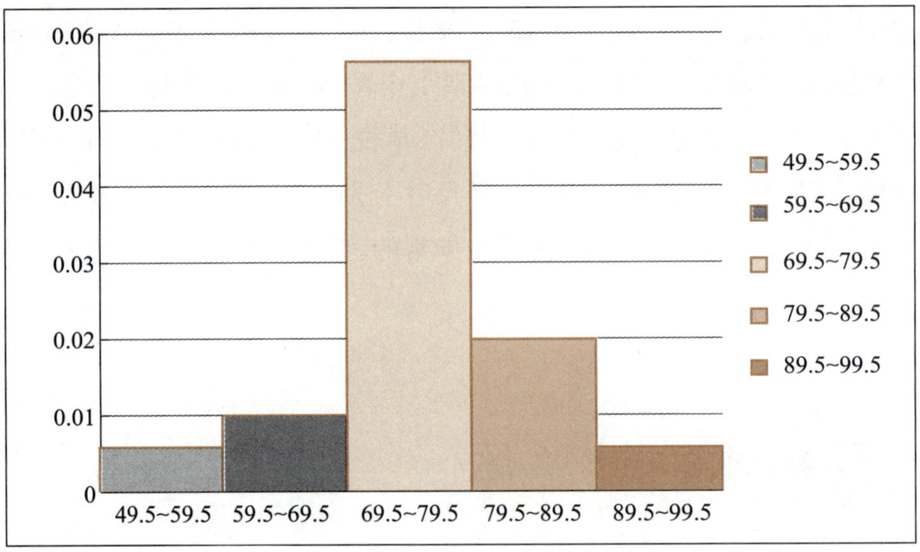

图 4-10

分析样本二数据，作出分析表和频率分布直方图(图 4-11)：

样本数	60
样本最大值	96
样本最小值	55
差	41
组距	10
分组数	4.1

数据分段	频数	频率	频率/组距
49.5~59.5	5	0.083 3	0.008 3
59.5~69.5	9	0.150 0	0.015 0
69.5~79.5	28	0.466 7	0.046 7
79.5~89.5	15	0.250 0	0.025 0
89.5~99.5	3	0.050 0	0.005 0

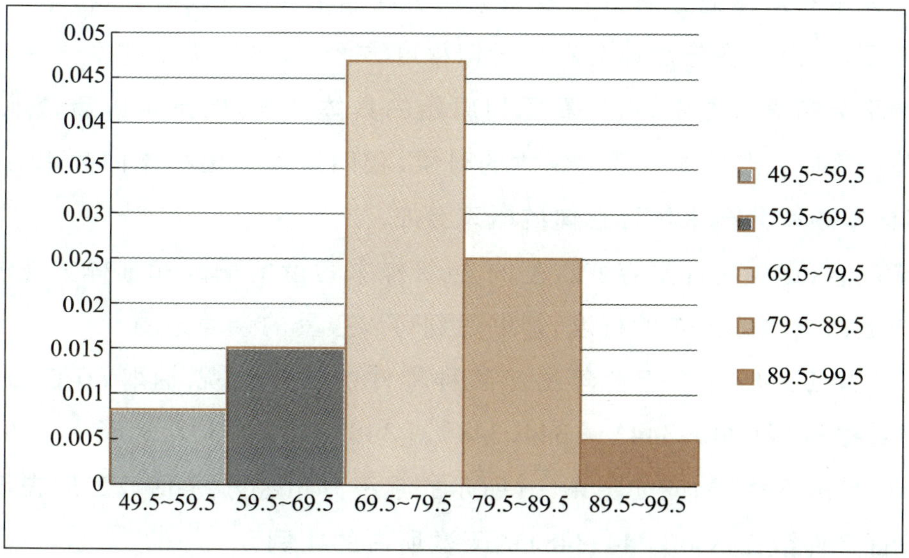

图 4－11

分析总体数据，作出分析表和频率分布直方图(图 4-12)：

样本数	1 844
样本最大值	96
样本最小值	53
差	43
组距	10
分组数	4.3

数据分段	频数	频率	频率/组距
49.5~59.5	109	0.059 1	0.005 9
59.5~69.5	283	0.153 5	0.015 3
69.5~79.5	780	0.423 0	0.042 3
79.5~89.5	533	0.289 0	0.028 9
89.5~99.5	139	0.075 4	0.007 5

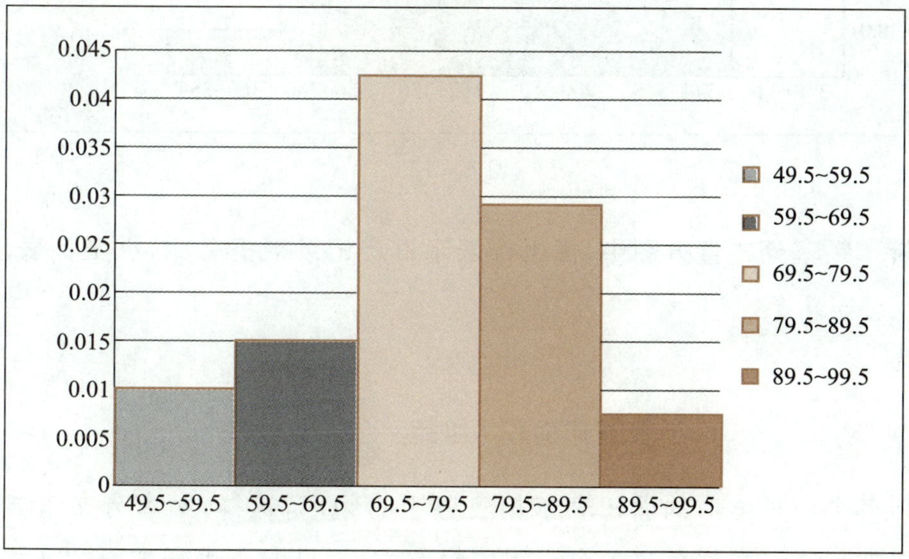

图 4－12

比较样本和总体的频率分布表与频率分布直方图，可以看到，样本分布与总体分布差不多，而且在与总体分布的近似程度方面，样本二优于样本一.

在频率分布直方图中，虽然看不到原始的具体数据，但是可以清楚地看出数据分布趋势.因此，当总体容量非常大的时候，我们可以画出样本的频率分布直方图，利用样本频率分布来估计总体的概率分布.

需要注意，这种估计是存在误差的.随着样本容量的增大和抽样方法的优化，样本分布近似于总体分布的程度，能够达到可以接受的误差范围.

例 1 某工厂统计去年全年生产某种零件的生产情况.抽取 30 份日产记录(件)，将数据按照[340,344)，[344,348)，[348,352)，[352,356)，[356,360)，[360,364]分成 6 组，制成如图 4-13 所示的频率分布直方图.估计工厂去年全年：

(1) 日产件数在区间[344,348)的天数所占的比例；

(2) 日产件数不超过 356 件的天数所占的比例；

(3) 日产件数超过 356 件的天数所占的比例.

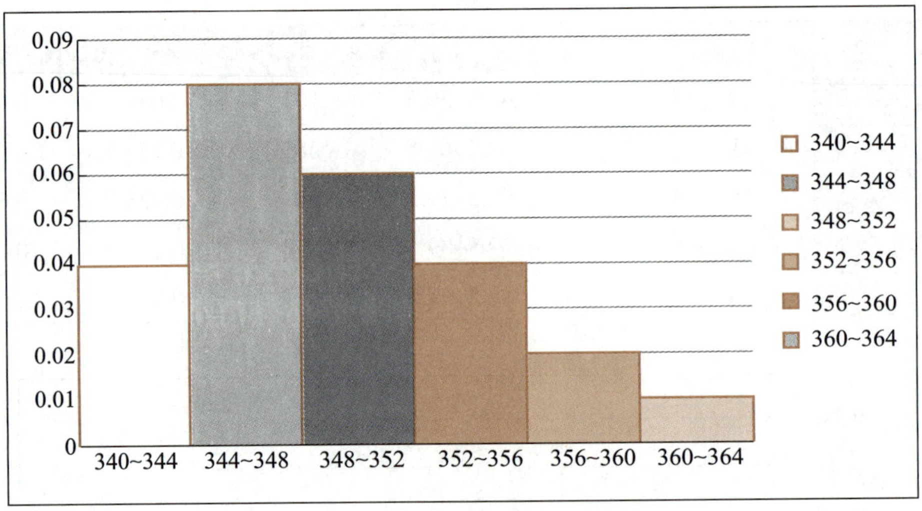

图 4－13

分析 频率分布直方图中，横坐标表示日产记录数据分组，纵坐标表示频率/组距.

因为

$$\text{小长方形面积}=\text{组距}\times\frac{\text{频率}}{\text{组距}}=\text{频率}$$

所以各个小长方形的面积表示相应各组的频率，这样，频率分布直方图就以面积的形式反映了数据落在各个小组的频率大小，且所有小长方形的面积的总和为 1.

解 (1) 日产件数在区间[344,348)的频率等于对应矩形的面积，即

$$0.08\times4=0.32=\frac{32}{100}.$$

由此估计,去年全年日产件数在区间[344,348)的天数约占工作日的$\frac{32}{100}$.

(2) 日产件数不超过 356 的频率等于对应的四个矩形面积之和,即

$$0.04\times4+0.08\times4+0.06\times4+0.04\times4=0.88=\frac{88}{100}.$$

由此估计,去年全年日产件数不超过 356 的天数约占工作日的$\frac{88}{100}$.

(3) 日产件数超过 356 的频率等于对应的两个矩形面积之和,即

$$0.02\times4+0.01\times4=0.12=\frac{12}{100},\quad \left(\text{或 } 1-\frac{88}{100}=\frac{12}{100}\right).$$

由此估计,去年全年日产件数超过 356 的天数约占工作日的$\frac{12}{100}$.

2. 用样本的数字特征估计总体的数字特征

大家知道,由 n 个数组成的一组数 $x_1,x_2,\cdots,x_n$,其均值(即平均数)为

$$\bar{x}=\frac{1}{n}(x_1+x_2+\cdots+x_n).$$

这个公式在数学中经常简单记为

$$\bar{x}=\frac{1}{n}\sum_{i=1}^{n}x_i$$

其中的符号"Σ"表示求和,读作"西格玛",Σ右边式子中的 i 表示求和的范围,其最小值与最大值分别写在Σ的下面和上面.例如,

$$\sum_{i=2}^{6}x_i=x_2+x_3+x_4+x_5+x_6.$$

容易看出,求和符号具有以下性质:

(1) $\sum_{i=1}^{n}(x_i+y_i)=\sum_{i=1}^{n}x_i+\sum_{i=1}^{n}y_i$;

(2) $\sum_{i=1}^{n}(kx_i)=k\sum_{i=1}^{n}x_i$;

(3) $\sum_{i=1}^{n}t=nt$.

这样,由 n 个数组成的一组数 $x_1,x_2,\cdots,x_n$,方差与标准差分别表示为

$$s^2=\frac{1}{n}\sum_{i=1}^{n}(x_i-\bar{x})^2,\quad s=\sqrt{\frac{1}{n}\sum_{i=1}^{n}(x_i-\bar{x})^2}.$$

我们曾经研究过数据的数字特征，研究了平均数、中位数和众数.大家知道：在一组数据中，出现次数最多的数据叫做这组数据的**众数**；将数据按大小依次排列，处在最中间的一个数据(或最中间两个数据的平均数)叫做这组数据的**中位数**；这组数据的算术平均数叫做数据的**均值**(加权平均数).这些数字特征从不同的角度反映数据的平均水平.此外，研究了反映数据的集中趋势的数字特征：**极差**、**方差**、**标准差**.

下面研究如何用样本的数字特征估计总体的数字特征，主要研究均值、方差和标准差.

计算附录中的样本一、样本二与总体观测数据的均值、方差和标准差.

	样本一	样本二	总体
均值	75.200 0	75.283 3	75.903 5
方差	82.293 3	88.036 4	90.400 7
标准差	9.071 6	9.382 8	9.507 9

比较样本数据和总体数据的均值，可以看到它们相差不多.

一般地，我们可以用样本观测数据的均值估计总体的均值，并称样本观测数据的均值为**样本均值**.可以证明(证明略)，样本均值是总体均值的无偏估计量.

比较样本数据和总体数据的方差，可以看到它们相差也不太多.

也可以用样本数据的方差估计总体方差.经过大量的使用发现，尽管可以这样估计.但是，准确程度不尽如人意，估计值常常小于实际数值.于是，对计算方法进行了研究修正，发现将公式中的分母由 n 修正为 $n-1$，会大大缩小估计值的偏离程度从而提升估计的准确性.经过科学家的考察与证明，这种修正是确实可行的.于是，在用样本估计总体时，采用修正后的公式计算方差，并把这个方差叫做**样本方差**，用 S^2 表示.即

$$S^2=\frac{1}{n-1}\sum_{i=1}^{n}(x_i-\bar{x})^2 .$$

相应的计算公式中分母为“n”所得到的方差，也就是根据样本数据观测值计算得到的方差，叫做**经验样本方差(或观测样本方差)**，用 s^2 表示.即

$$s^2=\frac{1}{n}\sum_{i=1}^{n}(x_i-\bar{x})^2$$

注 意

大写字母与小写字母表示的概念是不同的.

可以证明(证明略)，经验样本方差与样本方差都是总体方差的估计量，只不过样本方差是总体方差的无偏估计量，随着样本容量的增大，经验样本方差与样

本方差会逐渐接近.

本教材中,如果没有特别说明,用样本估计总体时,使用的都是作为总体无偏估计量的**样本方差**.

样本方差的非负平方根叫做**样本标准差**,用 S 表示,即

$$S=\sqrt{\frac{1}{n-1}\sum_{i=1}^{n}(x_i-\bar{x})^2}.$$

本章附录数据中,样本一的样本方差为 85.131,样本标准差为 9.226 6;样本二的样本方差为 89.528 5,样本标准差为 9.462.它们接近总体程度更高.

与用样本的频率分布估计总体的概率分布类似,用样本的数字特征估计总体的数字特征也是存在误差的.随着样本容量的增大和抽样方法的优化,样本分布近似于总体分布的程度会达到实际需要可以接受的范围.

例 2 某学校数控加工实训采用小班教学,每班 15 人.现 A、B 两个班参加统一的测试,成绩如下表:

A班同学成绩	67	72	93	69	86	84	45	77	88	91	81	76	84	90	63
B班同学成绩	78	96	56	83	86	48	98	67	62	70	64	97	96	79	86

请分析样本估计比较两个班的学习情况.

解 将这次成绩作为样本,来评价两个班的成绩.首先计算样本均值,估计两个班级的平均水平,得

$$\bar{x}_A=\frac{1}{15}(67+72+93+69+86+84+45+77+88+91+81+76+84+90+63)\approx 77.73,$$

$$\bar{x}_B=\frac{1}{15}(78+96+56+83+86+48+98+67+62+70+64+97+96+79+86)\approx 77.73.$$

A、B 两个班的平均成绩相同,也就是均值相同.再来分别计算两个班成绩的方差,得

$$S_A^2=\frac{1}{14}[(67-77.73)^2+(72-77.73)^2+\cdots+(63-77.73)^2]\approx 167.07,$$

$$S_B^2=\frac{1}{14}[(78-77.73)^2+(96-77.73)^2+\cdots+(86-77.73)^2]\approx 255.92.$$

由 $S_A^2<S_B^2$ 可以看出,甲班的考试成绩比乙班的波动小.

综上所述,用样本估计两个班学生学习的平均水平相同,但是甲班同学的学习成绩更稳定.

练习 4.6

利用本章附录数据，四所学校各抽出一个容量为 15 的样本，进行成绩分析比较.

习题 4.6

1. 某工厂为提高生产效率，开展技术创新活动.为了比较两种新的生产方式的效率，选取 40 名工人，将他们随机分成两组，每组 20 人.第一组工人用第一种生产方式，第二组工人用第二种生产方式，统计工人完成任务的工作时间（单位：min）如下.根据统计情况判断哪种生产方式的效率更高，并说明理由.

第一组：90，82，72，90，83，83，76，68，91，84，77，91，92，85，86，87，79，87，88，89；

第二组：90，85，78，76，76，75，84，69，75，84，74，73，72，81，70，68，66，65，65，70.

2. 在某两个学校参加地区数学学业质量评估测试试卷中，各抽出容量为 40 的样本成绩如下，请据此评估两校数学学习质量.

甲学校成绩：

78，61，77，87，55，70，80，71，85，70，75，72，77，60，65，90，77，76，82，79，81，63，78，90，82，75，88，62，81，83，70，73，72，75，75，66，63，81，70，71.

乙学校成绩：

70，83，88，73，79，93，76，70，63，79，80，78，61，77，87，55，70，80，71，85，96，75，72，77，60，65，90，77，76，82，83，81，63，78，90，82，75，88，62，81.

3. 某地区进行家庭用水情况调查.通过抽样，获取了 100 个家庭的月均用水量（单位：t），将数据按照 $[0,1)$、$[1,2)$、$[2,3)$、$[3,4)$、$[4,5]$ 分成 5 组画出频率分布直方图.

（1）求图中实数 a 的值；

（2）设该地区有 10 万个家庭，估计月用水量不低于 3 t 的家庭数.

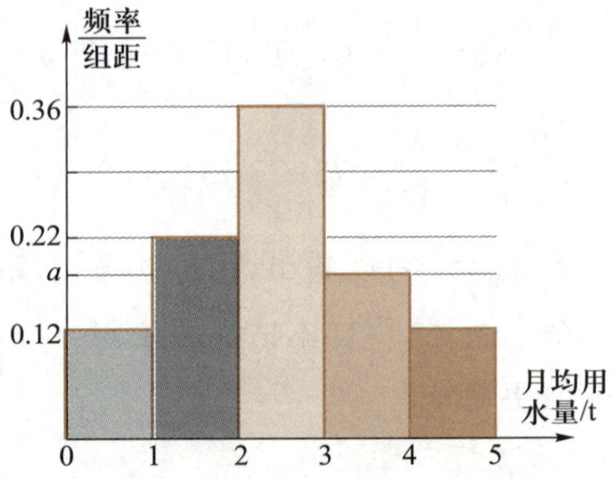

第 3 题图

4.7 一元线性回归

4.7.1 相关关系

人的身高(cm)与体重(kg)之间有没有联系呢？也许有人知道，平均标准体重的数值与身高的关系近似为

$$体重 \approx 身高-105.$$

这个结果是通过大量样本的分析，估算出来的.

下表中是随机抽取的 8 名学生的身高(单位:cm)与体重(单位:kg)的数据.

编号	1	2	3	4	5	6	7	8
身高 x/cm	172	150	170	165	180	176	155	160
体重 y/kg	60	47	85	70	75	80	50	65

学生的身高与体重之间存在着一定的关系，这种关系不像以前研究的函数关系那样，知道身高，就能确定体重的值.

变量之间的这种非确定性的相互依存的关系叫做**相关关系**.它的特点是，当一个变量或 n 个变量的值确定后，另一个变量的值虽然与它(或它们)有着密切的关系，但却无法完全确定.

下面要研究的问题是，能否利用确定性的关系来近似的描述相关关系.

练习 4.7.1

请举出具有相关关系变量的实例.

4.7.2 一元线性回归

我们继续研究 8 名学生的身高与体重的关系.

建立平面直角坐标系 xOy, x 轴表示身高(单位: cm), y 轴表示体重(单位: kg).上述样本中每位学生的身高与体重组成的有序数对 (x,y),对应于平面上一个点,这些点组成的图形叫做**散点图**.如图 4-14 所示.

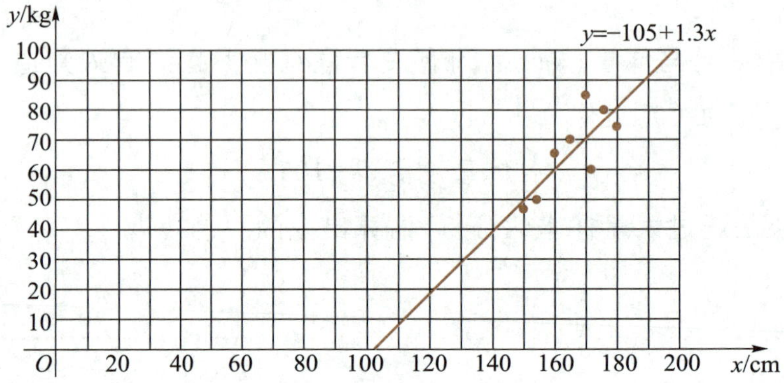

图 4-14

表面上散点图中的这些点杂乱无章,但是大体上呈现出一种直线走向趋势(这是非常重要的,否则不能用一次函数来近似).这启发我们,人的体重 y 与身高 x 大体上有一次函数的关系,即可以近似地有

$$y=a+bx \tag{4.15}$$

其中 a、b 是未知的,可以用样本的数据去估计 a、b 的值,估计值分别写作 $\hat{a}$ 和 $\hat{b}$. $\hat{a}$、$\hat{b}$ 的计算比较复杂,一般利用计算器或软件完成.

方程

$$y=\hat{a}+\hat{b}x \tag{4.16}$$

叫做 y 关于 x 的一元线性**回归方程**,它的图形叫做**回归直线**, $\hat{a}$、$\hat{b}$ 叫做**回归系数**.

可以利用计算器由上述 8 名学生的身高与体重数据求出 $\hat{a}$ 和 $\hat{b}$,具体步骤如下:

1. 设置统计计算状态(STAT)

操作:按一次 MODE ,会显示 1:COMP 2:STAT 3:TABLE ,表示进入计算状态选项,按 2 进入统计计算模块.

2. 输入数据

操作:在上一步的基础上,按键 2 进入线性回归计算(A+Bx)指令,依次输入数值,即 172→ = →150→ = →170→ = →165→ = →180→ = →176→ = →155→ = →160→ = ,然后用中间光标键把输入位置移到 Y 下的第一位置,依次输入数值,即 60→ = →47→ = →85→ = →70→ = →75→ = →80→ = →50→ = →65→ = → AC .在输入中注意 x 的量和 y 的量要对应起来.

3. 显示计算结果

(1) 按键 SHIFT → 1 ,然后按键 5 ,最后依次按键 1 → = ,显示回归系数:$A=-105$.

(2) 按键 SHIFT → 1 ,然后按键 5 ,最后依次按键 2 → = ,显示回归系数:$B=1.03$.

因此,身高与体重之间的关系的线性回归方程为

$$y=-105+1.03x.$$

即

$$\text{体重}\approx\text{身高}-105.$$

利用 Excel 软件可以方便地求出回归曲线和回归方程,如图 4-15 所示,方法见二维码.

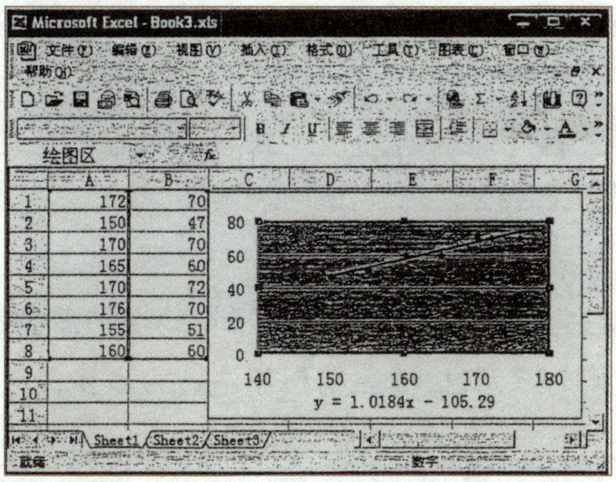

图 4-15

一元线性回归

练习 4.7.2

某一公司为了研究某一类产品的广告费用与其销售额(单位:万元)之间的关系,对多个厂家进行了调查,数据如下:

厂家	1	2	3	4	5	6	7	8	9	10
广告费 x	60	45	35	25	40	20	30	50	25	35
销售额 y	520	500	440	380	525	365	475	540	450	385

试求销售额 y 关于广告费 x 的一元线性回归方程.

习题 4.7

1. 已知某县婴幼儿的身高 y(cm)与年龄 x(岁)的一组调查数据如下:

年龄 x/岁	0.3	1.2	1.7	1.9	2.2	2.6	3.1	3.2	3.8	4.0
身高 y/cm	63	71	76	79	83	87	91	93	97	100

求 y 关于 x 的一元线性回归方程.

2. 已知某炼钢厂车间每年的利润 y(万元)与废品率 x(%)的一组统计资料如下:

废品率 x/%	1.3	1.5	1.6	1.7	1.9
利润 y/万元	150	120	110	100	70

求 y 关于 x 的一元线性回归方程.

3. 已知某种商品的销售额 y(万元)与广告费 x(万元)的一组统计资料如下:

广告费 x/万元	30	25	20	30	40	40	15	20	50
销售额 y/万元	470	460	420	460	500	520	400	440	560

(1) 求 y 关于 x 的一元线性回归方程.

(2) 广告费每增加一万元,商品销售额平均约增加多少?

(3) 当广告费为 35 万元时,商品销售额估计为多少?

复习题 4

1. 选择题

(1) 从 6 名医师和 3 名护士中选出 3 名医师和 2 名护士分别参加 5 个不同的医疗队,不同的分配方法的种数为(　　).

A. $C_6^3C_3^2P_5^5$　　B. $5C_6^3C_3^2$　　C. $P_6^3P_3^2$　　D. $C_6^3C_3^2$

(2) 电视台在球赛休息时插播赞助商的 5 个广告,其中某 2 个广告要连在一起播出,这 5 个广告不同编排方法的种数为(　　).

A. $2P_4^4$　　B. $P_5^2P_5^3$　　C. $C_5^2C_3^3$　　D. $2P_3^3$

(3) $\left(\frac{2}{\sqrt{x}}-\frac{\sqrt{x}}{6}\right)^6$ 展开式中的第 2 项是(　　).

A. $-\frac{24}{x^2}$　　B. $-\frac{32}{x^2}$　　C. $\frac{15}{x}$　　D. $\frac{15}{64}x^2$

(4) $(x-\sqrt{3})^{10}$ 的展开式中,含 x^6 项的系数为(　　).

A. $-27C_{10}^6$　　B. $27C_{10}^6$　　C. $-9C_{10}^6$　　D. $9C_{10}^4$

(5) 已知离散型随机变量 ξ 的概率分布为

ξ	0	1	2	3	4	5	6
P	0.16	0.22	0.24		0.10	0.06	0.01

则,$P(\xi=3)=$(　　).

A. 0.17　　B. 0.20　　C. 0.21　　D. 0.22

(6) 如果随机变量 $\xi\sim N(3,1)$,则 $P(-1<\xi\leqslant 1)=$(　　).

A. $\Phi(-4)-\Phi(-2)$　　B. $\Phi(2)-\Phi(4)$

C. $\Phi(4)-\Phi(2)$　　D. $2\Phi(1)-1$

2. 填空题

(1) 从 8 名男生和 4 名女生中,选出 4 名学生做运动会的服务人员,其中最多含 2 名女生的选法共有__________种.

(2) 在$\left(x^2-\frac{1}{2x}\right)^7$ 的展开式中,第 4 项的二项式系数为__________,第 4 项的系数为__________.

(3) 某射手射击一次击中目标的概率为 0.9,射击 4 次,恰好击中三次的概率是__________.

(4) 某随机变量 $\xi \sim B(2, 0.6)$，其均值为________________，方差为________________.

(5) 某随机变量 $\xi \sim N(2, 0.09)$，其均值为________________，方差为________________.

(6) 若 $\xi \sim N(0,1)$，且 $P(\xi \leqslant c) = P(\xi > c)$，则 c 的值为________________.

3. 由 1,2,3,4,5 可以组成多少个没有重复数字的四位数？其中多少个数能够被 5 整除？

4. 用 0,1,2,3,4，可以组成多少个没有重复数字的三位数？

5. 某车间生产的 100 件产品中，有 5 件是次品. 现从中任取 3 件检验，抽取方法是每次取 1 件，取后放回. 求被检验的产品中的次品数为随机变量 ξ 的概率分布.

6. 设随机变量 ξ 的概率分布为

ξ	1	2	3	4
P	$\frac{1}{4}$	$\frac{1}{3}$	m	$\frac{1}{12}$

(1) 求 m 的值； (2) 求 $E(\xi)$； (3) 求 $D(\xi)$.

7. 一大批产品中，次品率为 0.1，从这批产品中任意抽取 3 件来检查，抽到的次品数用 ξ 表示. 求：

(1) 离散型随机变量 ξ 的概率分布；

(2) $P(\xi \geqslant 2)$.

8. 事件 A 在一次试验中发生的概率为 $\frac{1}{4}$，求 3 次独立重复试验中，事件 A 恰好发生 2 次的概率.

9. 设 $\xi \sim N(1,4)$，利用标准正态分布表，求：

(1) $P(0 < \xi \leqslant 2)$； (2) $P(5 < \xi < 7)$； (3) $P(\xi \geqslant 2.3)$.

10. 从甲、乙、丙三位射击运动员中选拔一名参加比赛，在预选赛中，他们各打 10 发子弹，命中的环数如下：

甲：10,10,9,10,9,9,9,9,9,9；

乙：10,10,10,9,10,8,8,10,10,9；

丙：10,9,8,10,8,9,10,9,9,9.

根据这次成绩，应当选拔谁去参加比赛？

11. 为了了解某地区各职校毕业班学生身体发育情况，抽查了 100 名男生的体重，数据如下（单位：kg）：

56.5，　69.5，　65，　61.5，　64.5，　66.5，　64，　64.5，　61.5，　58.5，
87，　67，　73.5，　61，　67，　70，　57.5，　65.5，　68，　71，
61，　62，　68.5，　62.5，　66，　59.5，　70.5，　63.5，　64.5，　67，
67.5，　73，　68，　64，　72，　66.5，　74，　63，　60，　62，
70，　64.5，　58，　64，　70.5，　59，　62.5，　65，　69，　71.5，
73，　72，　62，　58，　62，　73，　66，　63.5，　61.5，　59.5，
63.5，　65，　70，　74.5，　68.5，　64，　54.5，　72.5，　66.5，　68，
76，　68，　63.5，　58，　59，　65.5，　62.5，　69.5，　72，　64.5，
75.5，　68.5，　64，　62，　59.5，　60，　72，　66，　57.5，　70，
56，　65.5，　58.5，　67.5，　72.5，　65，　66，　66.5，　70，　63.

根据上述数据画出样本的频率分布直方图，并对总体分布作出估计.

章附录　某地区中职学生数学学科水平考试成绩统计

第一职校

85	85	81	56	96	68	85	64	84	77	77	91	79	82	75	85	94	94
60	72	93	65	67	80	93	71	86	68	73	81	66	62	53	76	81	64
84	78	66	56	77	82	75	71	76	80	68	67	67	79	64	66	72	77
74	71	76	81	93	84	70	72	80	70	71	84	95	82	56	77	70	84
70	83	88	73	79	93	76	70	63	79	76	56	74	55	86	74	68	69
80	78	61	77	87	55	70	80	71	85	70	75	68	61	71	74	77	62
96	75	72	77	60	65	90	77	76	82	79	62	88	66	78	78	81	84
83	81	63	78	90	82	75	88	62	81	83	76	67	78	77	64	68	72
75	70	73	72	75	75	66	63	81	70	71	71	59	77	78	71	74	74
75	86	71	86	81	64	68	70	83	77	84	89	72	86	53	73	77	82
56	85	87	75	87	76	88	72	59	84	83	71	68	82	73	76	81	68
70	83	88	73	79	93	76	70	63	79	76	56	74	55	86	74	68	69
80	78	61	77	87	55	70	80	71	85	70	75	68	61	71	74	77	62
96	75	72	77	60	65	90	77	76	82	79	62	88	66	78	78	81	84
83	81	63	78	90	82	75	88	62	81	83	76	67	78	77	64	68	72
60	72	93	65	67	80	93	71	86	68	73	81	66	62	53	76	81	64
84	78	66	56	77	82	75	71	76	80	68	67	67	79	64	66	72	77
74	71	76	81	93	84	70	72	80	70	71	84	95	82	56	77	70	84
70	83	88	73	79	93	76	70	63	79	76	56	74	55	86	74	68	69

80	78	61	77	87	55	70	80	71	85	70	75	68	61	71	74	77	62
61	86	81	72	72	71	76	67	62	82	91	66	76	64	58	73	64	65
68	73	81	66	62	53	76	81	64	60	72	93	65	67	80	93	71	86
80	68	67	67	79	64	66	72	77	84	78	66	56	77	82	75	71	76
70	71	84	95	82	56	77	70	84	74	71	76	81	93	84	70	72	80
79	76	56	74	55	86	74	68	69	70	83	88	73	79	93	76	70	63
85	70	75	68	61	71	74	77	62	80	78	61	77	87	55	70	80	71
82	79	62	88	66	78	78	81	84	96	75	72	77	60	65	90	77	76
81	83	76	67	78	77	64	68	72	83	81	63	78	90	82	75	88	62
72	75																

第二职校

70	71	71	59	77	78	71	74	74	75	70	73	72	75	75	66	63	81
77	84	89	72	86	53	73	77	82	75	86	71	86	81	64	68	70	83
84	83	71	68	82	73	76	81	68	56	85	87	75	87	76	88	72	59
79	76	56	74	55	86	74	68	69	70	83	88	73	79	93	76	70	63
85	85	81	56	96	68	85	85	81	56	96	68	85	85	81	56	96	68
60	72	93	65	67	80	60	72	93	65	67	80	60	72	93	65	67	80
84	78	66	56	77	82	84	78	66	56	77	82	84	78	66	56	77	82
74	71	76	81	93	84	74	71	76	81	93	84	74	71	76	81	93	84
70	83	88	73	79	93	70	83	88	73	79	93	70	83	88	73	79	93
80	78	61	77	87	55	80	78	61	77	87	55	80	78	61	77	87	55
96	75	72	77	60	65	96	75	72	77	60	65	96	75	72	77	60	65
83	81	63	78	90	82	83	81	63	78	90	82	83	81	63	78	90	82
75	70	73	72	75	75	75	70	73	72	75	75	75	70	73	72	75	75
75	86	71	86	81	64	75	86	71	86	81	64	75	86	71	86	81	64
56	85	87	75	87	76	56	85	87	75	87	76	56	85	87	75	87	76
84	83	71	68	82	73	76	81	68	56	85	87	75	87	76	88	72	59
79	76	56	74	55	86	74	68	69	70	83	88	73	79	93	76	70	63
85	85	81	56	96	68	85	85	81	56	96	68	85	85	81	56	96	68
60	72	93	65	67	80	60	72	93	65	67	80	60	72	93	65	67	80
84	78	66	56	77	82	84	78	66	56	77	82	84	78	66	56	77	82
74	71	76	81	93	84	74	71	76	81	93	84	74	71	76	81	93	84
70	83	88	73	79	93	70	83	88	73	79	93	70	83	88	73	79	93
80	78	61	77	87	55	80	78	61	77	87	55	80	78	61	77	87	55
96	75	72	77	60	65	96	75	72	77	60	65	96	75	72	77	60	65
83	81	63	78	90	82	83	81	63	78	90	82	83	81	63	78	90	82

68	56	85

第三职校

75	70	73	72	75	75	75	70	73	72	75	75	75	70	73	72	75	75
83	81	63	78	90	82	83	81	63	78	90	82	83	81	63	78	90	82
75	70	73	72	75	75	75	70	73	72	75	75	75	70	73	72	75	75
75	86	71	86	81	64	75	86	71	86	81	64	75	86	71	86	81	64
56	85	87	75	87	76	56	85	87	75	87	76	56	85	87	75	87	76
84	83	71	68	82	73	76	81	68	56	85	87	75	87	76	88	72	59
79	76	56	74	55	86	74	68	69	70	83	88	73	79	93	76	70	63
85	85	81	56	96	68	85	85	81	56	96	68	85	85	81	56	96	68
60	72	93	65	67	80	60	72	93	65	67	80	60	72	93	65	67	80
84	78	66	56	77	82	84	78	66	56	77	82	84	78	66	56	77	82
74	71	76	81	93	84	74	71	76	81	93	84	74	71	76	81	93	84
70	83	88	73	79	93	70	83	88	73	79	93	70	83	88	73	79	93
70	83	88	73	79	93	70	83	88	73	79	93	70	83	88	73	79	93
80	78	61	77	87	55	80	78	61	77	87	55	80	78	61	77	87	55
96	75	72	77	60	65	96	75	72	77	60	65	96	75	72	77	60	65
83	81	63	78	90	82	83	81	63	78	90	82	83	81	63	78	90	82
75	70	73	72	75	75	75	70	73	72	75	75	75	70	73	72	75	75
83	81	63	78	90	82	83	81	63	78	90	82	83	81	63	78	90	82
75	70	73	72	75	75	78	70	77	72	75	75	75	70	73	72	75	75
75	86	71	86	81	64	75	86	71	86	81	64	75	86	71	86	81	64
56	85	87	75	87	76	56	85	87	75	87	76	56	85	87	75	81	76
76	81	68	56	85	87	76	81	68	56	85	87	76	81	87			

第四职校

74	68	69	70	83	88	74	68	69	70	83	88	74	68	69	70	83	88
56	77	82	84	78	66	56	77	82	56	77	82	84	78	66	56	77	82
81	93	84	74	71	76	81	93	84	81	93	84	74	71	76	81	93	84
73	79	93	70	83	88	73	79	93	73	79	93	70	83	88	73	79	93
73	79	93	70	83	88	73	79	93	73	79	93	70	83	88	73	79	93
77	87	55	80	78	61	77	87	55	77	87	55	80	78	61	77	87	55
77	60	65	96	75	72	77	60	65	77	60	65	96	75	72	77	60	65
78	90	82	83	81	63	78	90	82	78	90	82	83	81	63	78	90	82
72	75	75	75	70	73	72	75	75	72	75	75	75	70	73	72	75	75

78	90	82	83	81	63	78	90	82	78	90	82	83	81	63	78	90	82
72	75	75	78	70	77	72	75	75	72	75	75	78	70	77	72	75	75
86	81	64	75	86	71	86	81	64	86	81	64	75	86	71	86	81	64
56	77	82	84	78	66	56	77	82	56	77	82	84	78	66	56	77	82
81	93	84	74	71	76	81	93	84	81	93	84	74	71	76	81	93	84
73	79	93	70	83	88	73	79	93	73	79	93	70	83	88	73	79	93
75	70	73	72	75	75	75	70	73	72	75	75	75	70	73	72	75	75
75	86	71	86	81	64	75	86	71	86	81	64	75	86	71	86	81	64
56	85	87	75	87	76	56	85	87	75	87	76	56	85	87	75	87	76
84	83	71	68	82	73	76	81	68	56	85	87	75	87	76	88	72	59
79	76	56	74	55	86	74	68	69	70	83	88	73	79	93	76	70	63
85	85	81	56	96	68	85	85	81	56	96	68	85	85	81	56	96	68
60	72	93	65	67	80	60	72	93	65	67	80	60	72	93	65	67	80
84	78	66	56	77	82	84	78	66	56	77	82	84	78	66	56	77	82
74	71	76	81	93	84	74	71	76	81	93	84	74	71	76	81	93	84
70	83	88	73	79	93	70	83	88	73	79	93	70	83	88	73	79	93
80	78	61	77	87	55	80	78	61	77	87	55	80	78	61	77	87	55
62	80	78	61	77	87	56	71	75	72	75	75	75	70	73	72	75	75
72	75	75	75	70	73												

样本一

83	88	73	79	93	76	70	63	78	75
79	76	56	74	53	86	74	68	69	70
74	71	76	81	95	84	70	72	80	70

样本二

56	85	87	75	87	76	88	72	66	84
85	80	81	75	96	68	85	85	81	56
75	70	73	72	75	75	75	70	73	72
79	76	68	74	55	86	74	68	69	70
84	78	66	56	77	82	84	78	66	56
96	75	72	77	68	65	96	75	72	77

数学实验 4　利用软件 Excel 进行概率计算

实验目的

1. 学习利用软件 Excel 计算排列数、组合数及古典概率．
2. 学习利用软件 Excel 进行服从二项分布的随机变量的概率计算．
3. 学习利用软件 Excel 进行服从正态分布的随机变量的概率计算．

实验内容

1. 排列数、组合数及古典概率的计算

软件 Excel 具有强大的概率与统计的计算功能．利用软件的 COMBIN(m,n) 函数与 PERMUT(m,n) 函数，可以分别计算组合数 C_m^n 与排列数 P_m^n，从而方便地计算一些比较复杂的古典概率．下面通过实例来说明操作过程．

例 1　计算 $A=C_{17}^9$，$B=P_7^4$ 和 $C=\dfrac{C_7^3P_3^2}{C_{10}^5}$.

例 1 操作演示

上机操作

(1) 在单元格 A2、A3、A4 中分别输入 A、B、C；

(2) 单击单元格 B2，输入公式“=COMBIN(17,9)”，按回车键，单元格 B2 内显示 24310，即 $A=C_{17}^9=24\ 310$；

(3) 单击单元格 B3，输入公式“=PERMUT(7,4)”，按回车键，单元格 B3 内显示 840，即 $B=P_7^4=840$.

(4) 单击单元格 B4，输入公式“=COMBIN(7,3) * PERMUT(3,2)/COMBIN(10,5)”，按回车键，单元格 B4 内显示 0.833333，即 $\dfrac{C_7^3\ P_3^2}{C_{10}^5}=0.833\ 333$.

说明　若要在单元格 B4 中显示分数，则单击单元格 B4，然后选择“格式”“单元格”“数字”“分数”“分母为一位数”，单击“确定”，得到如图 4-16 所示的结果．

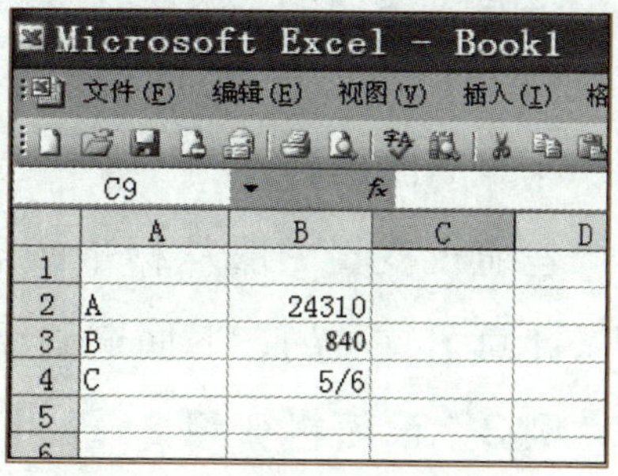

图 4－16

2. 服从二项分布的随机变量的概率计算

设随机变量 ξ 服从参数为 n、p 的二项分布，即 $\xi \sim B(n,p)$．利用 BINOMDIST$(k,n,p,0)$ 函数可以计算 $P(\xi=k)$，利用 BINOMDIST$(k,n,p,1)$ 函数，可以计算 $P(\xi\leqslant k)$．下面通过例题来说明实际操作．

例 2 操作演示

例 2　口袋里装有 4 个黑球与 1 个白球，每次从中任取一个球，观察后放回再重新抽取．

（1）求三次抽取中恰好有两个黑球的概率；

（2）求三次抽取中最多有两个黑球的概率．（精确到 0.000 001）．

上机操作　设三次抽取中取到黑球的个数为随机变量 ξ，则 $\xi \sim B\left(3,\dfrac{4}{5}\right)$．

（1）在单元格 B2 和 B3 中分别输入 $P(\xi=2)$ 和 $P(\xi\leqslant 2)$；

（2）将单元格 C2 选择用分母为 3 位数的分数显示，输入“= BINOMDIST$\left(2,3,\dfrac{4}{5},0\right)$”，按回车键，则单元格 C2 内显示“$\dfrac{48}{125}$”，即 $P(\xi=2)=\dfrac{48}{125}$；

（3）将单元格 C3 选择用分母为 3 位数的分数显示，输入“= BINOMDIST$\left(2,3,\dfrac{4}{5},1\right)$”，按回车键，则单元格 C3 内显示“$\dfrac{61}{125}$”，即 $P(\xi\leqslant 2)=\dfrac{61}{125}$（图 4-17）．

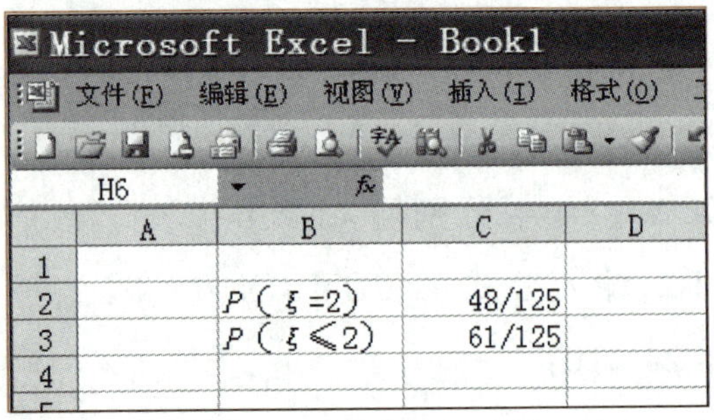

图 4－17

3. 服从正态分布的随机变量的概率计算

设随机变量 ξ 服从参数为 μ、σ^2 的正态分布，即 $\xi \sim N(\mu,\sigma^2)$．利用 NORMDIST$(k,\mu,\sigma,0)$ 函数可以计算 $P(\xi=k)$，利用 NORMDIST$(k,\mu,\sigma,1)$ 函数，可以计算 $P(\xi\leqslant k)$．

若随机变量 ξ 服从标准正态分布，即 $\xi\sim N(0,1)$，利用 NORMSDIST(k) 函数，可以计算 $P(\xi\leqslant k)$．下面通过例题来说明实际操作．

例 3 操作演示

例 3　设随机变量 $\xi\sim N(0,1)$，计算 $P(-1<\xi\leqslant 0)$．

上机操作

（1）在单元格 B2、B3、B4 中分别输入 $P(\xi\leqslant -1)$、$P(\xi\leqslant 0)$ 和 $P(-1\leqslant\xi\leqslant 0)$；

(2) 单击 C2 单元格,选择用 4 位小数的显示,输入公式“ = NORMSDIST (-1)”,按回车键,单元格 C2 内显示“0.1587”,即 $P(\xi\leqslant-1)=0.158\,7$;

(3) 单击 C3 单元格,选择用 4 位小数的显示,输入公式“ = NORMSDIST (0)”,按回车键,单元格 C3 内显示“0.5000”,即 $P(\xi\leqslant0)=0.500\,0$;

(4) 单击 C4 单元格,输入“ = C3 - C2”,按回车键,单元格 C4 内显示“0.3413”,即 $P(-1<\xi\leqslant0)=0.341\,3$(图 4-18).

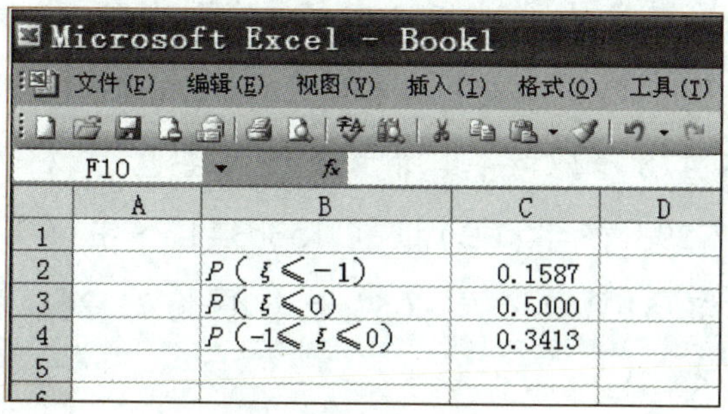

图 4-18

实验 4 作业

1. 计算下列各式:

(1) $C_6^3C_5^2P_5^4$;　　(2) $\dfrac{C_5^3P_5^2}{C_{10}^3}$.

2. 设某足球运动员罚点球的命中率为 75%(即 $p=0.75$),现其罚点球 4 次,求:

(1) 恰好命中 2 次的概率;　　(2) 最多命中 2 次的概率.

3. 设随机变量 ξ 服从标准正态分布,计算下列概率:

(1) $P(\xi\leqslant2)$;　　(2) $P(-2<\xi<3)$.

阅读与欣赏

《现代汉字通用字表》是如何编制的

我们国家有多少个汉字呢? 先来看一个统计材料.

东汉许慎编著的《说文解字》收集单字 9 353 个;晋朝吕忱编著的《字林》收集单字 12 824 个;南朝顾野王编著的《玉篇》收字 16 917 个;宋朝陈彭年编著的《广韵》收字 26 194 个;明朝梅膺祚编著的《字汇》收字 33 179 个;清朝张玉书等编著

的《康熙字典》收字 47 043 个;1971 年张其昀主编的《中文大辞典》收字 49 888 个,而后分册出版的《汉语大字典》收字 56 000 个.

可以看到,随着社会的发展,字典所收的汉字越来越多,形成了庞大的字符集合.

面对这样庞大的字符集合,必须要回答的一个问题是:哪些字是最基本的、最通用的、最常用的?

回答这个问题的最好方法是进行汉字频率(简称字频)统计.我国最早字频统计工作是由著名教育家陈鹤琴主持的.利用统计的成果于 1928 年出版的《语体文应用字汇》中收字 554 478 个汉字,其所用语料主要包含以下 6 类:

(1)儿童用书 127 293 个字;(2)报刊 153 344 个字;(3)妇女杂志 90 142 个字;(4)小学生课外作品 51 807 个字;(5)古今小说 71 267 个字;(6)杂类 60 625 个字.

在《语体文应用字汇》书末附有"字数次数对照表",即按照各汉字出现的绝对频率排列的表.这种频率大小的不同表明了在数以万计的汉字中,各个字用途大小的不同.频率越高的字表明其通用性越强.根据这个研究成果,编制了《平民千字课》.

1946 年,四川省教育科学院根据陈鹤琴的研究与杜佐周、蒋成堃的《儿童与成人常用字汇之比较》,选出最常用的 2 000 个字,编成《常用字选》.

1974 年 8 月,中国科学院、新华通讯社、原四机部、一机部等联名申请"汉字信息处理系统工程",原国家计委批准了这项名为"748"工程的项目.

该工程花了两年时间,把从各单位收集来的共三亿多字的出版物,分成科学技术、文学艺术、政治理论、新闻通讯四类,并从中选出 86 本著作、104 本期刊 7 075 篇论文,合计 21 657 039 个字,作为统计样本,对四类语料分别进行频率统计,最后汇总成一份综合资料.从样本中,统计出 6 347 个不同汉字,编成《汉字频度表》.但是,这项工作毕竟是用手工做的,不但处理工作量庞大,还非常容易出错.

原北京航空学院计算机科学工程系,首先开始利用计算机进行语言研究.他们根据 1977 年至 1982 年出版的社会科学与自然科学文献,包括报纸期刊、教材、专著、通俗读物等,共 138 000 000 个字的语料,抽样 11 873 029 个字进行统计.将语料分为社会科学与自然科学两个大类,每个大类又分为 5 个科目.

这项研究于 1985 年完成.它不仅为现代汉字的定量分析提供了有用的数据,而且对于汉语言文学教学、汉字的机械处理和信息处理的研究也有重要的参考价值.

原北京语言学院曾对十年制语文课本作了字频统计研究,并在此基础上制定了《按出现次数多少排列的常用汉字表》.语料总数为520 934个字.按照出现频率由高至低排列,排在前面的100个字,出现的次数共230 946,占总语料的44.33%;排在前面的1 000个字,出现的次数为409 305,占总语料的78.57%.这样,语文教学中,最先让学生学的100个字是哪些,1 000个字是哪些,就比较好确定了.

实际编制常用汉字表时,通常需要考虑下面几个方面的因素:

(1) 根据出现的频率,优先选取那些出现频率较高的字;

(2) 在出现频率相同的情况下,选取学科分布广的和使用度高的字;

(3) 根据汉字的构词和构字能力,选用构词、构字能力较强的字;

(4) 根据汉字的其他使用情况进一步斟酌取舍.

根据统计研究及上面四个方面的综合考虑,编制出了《现代汉语常用字表》总共3 500个字,其中常用字2 500个,次常用字1 000个.

1988年,国家语言文字工作委员会和原新闻出版总署联合发布了《现代汉语通用字表》共收汉字7 000个.

计算机的迅猛发展,为数理统计提供了良好的工具,使得数理统计越来越显示它的重要作用.应用数学的方法研究语言,包括对字频、词频的研究,对语音的研究等,一门新兴的科学——统计语言学正在形成并取得了长足的发展.

(本文编写参考了张楚廷著《数学文化》.)

附　录

标准正态分布表

$$\Phi(x_0)=P(\xi<x_0)$$

x_0	0	1	2	3	4	5	6	7	8	9
0.0	0.500 0	0.504 0	0.508 0	0.512 0	0.516 0	0.519 9	0.523 9	0.527 9	0.531 9	0.535 9
0.1	0.539 8	0.543 8	0.547 8	0.551 7	0.555 7	0.559 6	0.563 6	0.567 5	0.571 4	0.575 3
0.2	0.579 3	0.583 2	0.587 1	0.591 0	0.594 8	0.598 7	0.602 6	0.606 4	0.610 3	0.614 1
0.3	0.617 9	0.621 7	0.625 5	0.629 3	0.633 1	0.636 8	0.640 6	0.644 3	0.648 0	0.651 7
0.4	0.655 4	0.659 1	0.662 8	0.666 4	0.670 0	0.673 6	0.677 2	0.680 8	0.684 4	0.687 9
0.5	0.691 5	0.695 0	0.698 5	0.701 9	0.705 4	0.708 8	0.712 3	0.715 7	0.719 0	0.722 4
0.6	0.725 7	0.729 1	0.732 4	0.735 7	0.738 9	0.742 2	0.745 4	0.748 6	0.751 7	0.754 9
0.7	0.758 0	0.761 1	0.764 2	0.767 3	0.770 3	0.773 4	0.776 4	0.779 4	0.782 3	0.785 2
0.8	0.788 1	0.791 0	0.793 9	0.796 7	0.799 5	0.802 3	0.805 1	0.807 8	0.810 6	0.813 3
0.9	0.815 9	0.818 6	0.821 2	0.823 8	0.826 4	0.828 9	0.831 5	0.834 0	0.836 5	0.838 9
1.0	0.841 3	0.843 8	0.846 1	0.848 5	0.850 8	0.853 1	0.855 4	0.857 7	0.859 9	0.862 1
1.1	0.864 3	0.866 5	0.868 6	0.870 8	0.872 9	0.874 9	0.877 0	0.879 0	0.881 0	0.883 0
1.2	0.884 9	0.886 9	0.888 8	0.890 7	0.892 5	0.894 4	0.896 2	0.898 0	0.899 7	0.901 5
1.3	0.903 2	0.904 9	0.906 6	0.908 2	0.909 9	0.911 5	0.913 1	0.914 7	0.916 2	0.917 7
1.4	0.919 2	0.920 7	0.922 2	0.923 6	0.925 1	0.926 5	0.927 8	0.929 2	0.930 6	0.931 9
1.5	0.933 2	0.934 5	0.935 7	0.937 0	0.938 2	0.939 4	0.940 6	0.941 8	0.943 0	0.944 1
1.6	0.945 2	0.946 3	0.947 4	0.948 4	0.949 5	0.950 5	0.951 5	0.952 5	0.953 5	0.954 5
1.7	0.955 4	0.956 4	0.957 3	0.958 2	0.959 1	0.959 9	0.960 8	0.961 6	0.962 5	0.963 3
1.8	0.964 1	0.964 8	0.965 6	0.966 4	0.967 1	0.967 8	0.968 6	0.969 3	0.970 0	0.970 6
1.9	0.971 3	0.971 9	0.972 6	0.973 2	0.973 8	0.974 4	0.975 0	0.975 6	0.976 2	0.976 7
2.0	0.977 2	0.977 8	0.978 3	0.978 8	0.979 3	0.979 8	0.980 3	0.980 8	0.981 2	0.981 7
2.1	0.982 1	0.982 6	0.983 0	0.983 4	0.983 8	0.984 2	0.984 6	0.985 0	0.985 4	0.985 7
2.2	0.986 1	0.986 4	0.986 8	0.987 1	0.987 4	0.987 8	0.988 1	0.988 4	0.988 7	0.989 0
2.3	0.989 3	0.989 6	0.989 8	0.990 1	0.990 4	0.990 6	0.990 9	0.991 1	0.991 3	0.991 6
2.4	0.991 8	0.992 0	0.992 2	0.992 5	0.992 7	0.992 9	0.993 1	0.993 2	0.993 4	0.993 6
2.5	0.993 8	0.994 0	0.994 1	0.994 3	0.994 5	0.994 6	0.994 8	0.994 9	0.995 1	0.995 2
2.6	0.995 3	0.995 5	0.995 6	0.995 7	0.995 9	0.996 0	0.996 1	0.996 2	0.996 3	0.996 4
2.7	0.996 5	0.996 6	0.996 7	0.996 8	0.996 9	0.997 0	0.997 1	0.997 2	0.997 3	0.997 4
2.8	0.997 4	0.997 5	0.997 6	0.997 7	0.997 7	0.997 8	0.997 9	0.997 9	0.998 0	0.998 1
2.9	0.998 1	0.998 2	0.998 2	0.998 3	0.998 4	0.998 4	0.998 5	0.998 5	0.998 6	0.998 6
3.0	0.998 7	0.999 0	0.999 3	0.999 5	0.999 7	0.999 8	0.999 8	0.999 9	0.999 9	1.000 0

郑重声明

读者意见反馈

为收集对教材的意见建议，进一步完善教材编写并做好服务工作，读者可将对本教材的意见建议通过如下渠道反馈至我社。

咨询电话　400-810-0598

反馈邮箱　zz_dzyj@pub.hep.cn

通信地址　北京市朝阳区惠新东街4号富盛大厦1座

高等教育出版社总编辑办公室

邮政编码　100029

防伪查询说明

用户购书后刮开封底防伪涂层，使用手机微信等软件扫描二维码，会跳转至防伪查询网页，获得所购图书详细信息。

防伪客服电话

（010）58582300

学习卡账号使用说明

一、注册/登录

访问http://abook.hep.com.cn/sve，点击“注册”，在注册页面输入用户名、密码及常用的邮箱进行注册。已注册的用户直接输入用户名和密码登录即可进入“我的课程”页面。

二、课程绑定

点击“我的课程”页面右上方“绑定课程”，在“明码”框中正确输入教材封底防伪标签上的20位数字，点击“确定”完成课程绑定。

三、访问课程

在“正在学习”列表中选择已绑定的课程，点击“进入课程”即可浏览或下载与本书配套的课程资源。刚绑定的课程请在“申请学习”列表中选择相应课程并点击“进入课程”。

如有账号问题，请发邮件至：4a_admin_zz@pub.hep.cn。